高等学校应用技术型经济管理系列教材（会计系列）

高等学校应用型经济管理规划教材

总主编／李雪　　主审／徐国君

出纳实务
Cashier Practice

（第二版）

高杉◎主编
王庆　刘艳◎副主编

图书在版编目(CIP)数据

出纳实务 / 高杉主编. —2 版. —上海：立信会计出版社，2019.7(2023.1 重印)

高等学校应用技术型经济管理系列教材. 会计系列

ISBN 978-7-5429-6200-3

Ⅰ.①出… Ⅱ.①高… Ⅲ.①出纳-会计实务-高等学校-教材 Ⅳ.①F233

中国版本图书馆 CIP 数据核字(2019)第 142849 号

策划编辑　方士华
责任编辑　方士华
封面设计　南房间

出纳实务(第二版)
CHUNA SHIWU

出版发行	立信会计出版社
地　　址	上海市中山西路 2230 号　　邮政编码　200235
电　　话	(021)64411389　　　　　　传　真　(021)64411325
网　　址	www.lixinaph.com　　　　　电子邮箱　lixinaph2019@126.com
网上书店	http://lixin.jd.com　　　　　http://lxkjcbs.tmall.com
经　　销	各地新华书店
印　　刷	苏州市古得堡数码印刷有限公司
开　　本	787 毫米×1092 毫米　　1/16
印　　张	11
字　　数	250 千字
版　　次	2019 年 7 月第 2 版
印　　次	2023 年 1 月第 4 次
书　　号	ISBN 978-7-5429-6200-3/F
定　　价	28.00 元

如有印订差错,请与本社联系调换

总 序

教材是高校实现人才培养目标的重要载体,教材及教材建设对高校发展具有举足轻重的作用。与培养模式相对应的教材是培养合格人才的基本保证,是实现培养目标的重要工具。由于历史的原因,在财经类教材的出版方面,相关出版社出版研究型本科或者高职高专、中等职业等层次的教材较多,也较成熟,而在应用技术型本科教材出版上比较欠缺,虽然近年来也出版了一些这方面的教材,但总体而言,还是缺乏权威性、普适性、实用性、创新性的财经类应用技术型本科教材。造成这种状况的原因主要在于:出版社对财经类应用技术型本科教材的出版还不够重视,没有进行有效的组织;财经类应用技术型本科院校多为新建院校,教材建设相对滞后,主观上也较愿意使用研究型本科教材;在教材使用中存在比较严重的混用现象,教材的目标读者群不明确,不少教材既适用于研究型本科又适用于应用技术型本科,或者既适用于本科又适用于高职高专。

由于目前应用技术型教材种类和数量匮乏或质量欠佳,使得应用技术型本科不得不沿用传统研究型教材,比如东北财经大学会计系列教材(包括《基础会计》《中级财务会计》《管理会计》《高级财务会计》《审计》等),中国人民大学会计系列教材(如《成本会计》),教育部统编教材(如《财务管理》)等国家级规划教材。这些教材本身的质量很好、级别很高,但是并不适用于应用技术型本科的教学,教师和学生普遍反映不好用。即使从全国范围看,也还没有相对成套、成熟的适合应用技术型高校使用的教材,不适应教育教学要求。存在的主要问题包括:①教材的定位和要求较高;②教材的内容多、难度大;③教材着重于理论解释,相关案例、实训等内容较少,缺乏普适性、实用性。所以,需要编写适应学生水平、便于学生接受的应用技术型教材。

我们组织具有多年应用技术型人才培养经验的优秀教师和实务界专家编写了这套教材。本套系列教材由《基础会计》《中级财务会计》《成本会计》《管理会计》《财务管理》《审计学原理》《审计实务》《审计基础与实务》《税法》《经济法》《西方经济学》《金融学》等构成。为了保证教材的质量,本套系列教材聘请了著名高校的专家、教授对本套教材编写进行专门指导和审核。每本教材至少有一名本学科的知名专家或学科带头人提出审核指导意见,至少有一名高等院校教学一线的高级职称教师参与组织编写,至少有一名行业协会、实务界专家和教学研究机构人员提出编写建议。

本套系列教材的特色如下。

1. 应用性

应用技术型本科的教材建设应坚持培养应用技术型本科人才的定位,充分吸收和借鉴传统的普通本科教材与高职高专类教材建设的优点和经验,以就业为导向,做到理论上优于高职高专类教材、动手能力的培养上优于传统的本科院校教材。

本套系列教材体现了应用技术型本科的定位,体现了素质教育和"以学生发展为本"的教育理念,遵循了高等教育教学基本规律,重视知识、能力和素质的协调发展,根据应用技术型人才培养模式对学生的创新精神、实践能力和适应能力的要求,在内容选材、教学方法、学习方法、实验和实训配套等方面突出了应用性特征。

2. 针对性

本套系列教材的编写符合会计学、财务管理和审计学专业的培养目标、培养需求、业务规格(知识结构和能力结构)和教学大纲的基本要求,与各专业的课程结构和课程设置相对应,与课程平台和课程模块相对应。本套系列教材在结构的布局、内容重点的选取、示例习题的设计等方面符合教改目标和教学大纲的要求,把教师的备课、试讲、授课、辅导答疑等教学环节有机地结合起来。

3. 先进性

本套系列教材反映了应用技术型会计人才教育教学改革的内容,能够反映学科领域的新发展。本套系列教材的整体规划、每一种教材构造等均体现了实用性和创新性。本套系列教材还强调了系列配套,包括了教材、学习指导书、教学课件等。

4. 基础性

本套系列教材打破传统教材自身知识框架的封闭性,尝试多方面知识的融会贯通,注重知识层次的递进,体现每一门科目的基本内容,同时,在具体内容上突出实际运用知识的能力,使本套系列教材做到"教师易教,学生乐学,技能实用"。

5. 易于自学性

自学能力的培养是高等教育应该教授给学生的一项基本能力。只有具备了自主学习的能力,才能最终建立起终身学习的保障体系,这也是应用技术型本科人才培养的客观要求。应用技术型高校的生源素质与其他高校相比存在较大差距,除一部分高考发挥失误的学生外,有相当一部分学生在学习习惯、基础知识等方面存在一定的欠缺,这要求本套系列教材要能调动这部分学生的学习积极性,在理论方面尽量通俗易懂,实践方面尽量采用案例式教学。为了有利于学生课后自主学习,本套系列教材配套了学习指导书和教学课件。

因此,本套系列教材的定位和特色把握准确,教材的特色明显,适用于应用技术型高等学校教学,容易得到学生和市场的认可,便于学生的自学和教师的教学。

高等学校应用技术型经济管理系列教材(会计系列)凝聚了众多领导、教授和专家多年来的经验和心血。当然,由于我们的经验和人力有限,教材中难免存在不足,我们期待着各位同行、专家和读者的批评指正。我们将随着经济发展和会计环境的变迁不断修订教材,以便及时反映学科的最新发展和人才培养的最新变化。

本套系列教材出版后,得到学生和市场的认可,深受广大读者欢迎。为了更好地回馈读者,本套系列教材从2017年起启动第二版的修订工作,各种教材的第二版将陆续出版。我们会一如既往地做好教材修订和相关服务工作,希望广大读者对本套系列教材给予支持。

李 雪

2019 年 7 月

第二版前言

本书是高等学校应用技术型经济管理系列教材(会计系列)之一,具有应用性、针对性、先进性、基础性、易于自学性的特点,在充分吸收和借鉴传统的普通本科教材与高职高专类教材建设的优点和经验的基础上,以就业为导向,做到理论上高于高职高专类教材、动手能力的培养上高于传统的本科院校教材。

一、本书写作思路及内容安排

"出纳实务"是财经类各专业学生必学的通用专业课程,是其他财经类专业课程深入学习的基础。本书共分为七章,主要内容包括出纳概论、出纳基本业务技能、出纳凭证及账簿、出纳现金业务、出纳银行业务、出纳税收知识、出纳资料的整理、保管与工作交接。每章都结合相关案例及出纳实务操作技巧,对重点内容进行讲解,并加入"延伸阅读""会计职业道德""相关案例""技巧提示"等内容,以培养学生的操作能力和创新能力;在讲解的过程中与实务工作紧密结合,以增强学生理论与实务相结合的能力;同时借助于仿真原始凭证、账簿、图、表等方式进行讲解,便于学生理解掌握。本书主要作为普通高等教育经济管理类专业教材,也可供相关专业人员参考。

二、本书的编写特点

本书从应用技术型人才培养的角度,用通俗易懂的语言深入浅出地介绍出纳会计的基本理论和实务,本书的特色如下:

(1) 以就业为导向,紧扣职业教育的主旋律。教材的设计突出理论联系实际,体现实际操作能力,即重视知识、能力和素质的协调发展,为学生的就业打下坚实基础。

(2) 内容编排合理,符合高等学校学生的认知。在编写的整体设计思路上,注重教、学、训、练、用的结合;以各类企事业单位出纳会计岗位业务操作的各项业务为主线、结合职业资格证书考核要求,合理安排教材内容。着重以培养学生动手能力为原则,我们从出纳工作的各个环节入手,教与学结合、学与训一体、练与用衔接,既注重了实际工作中具体业务的介绍,又兼有知识技能的拓展,为培养一专多能的应用型人才奠定基础。

(3) 教材的设计体现综合性和超前性。使学生通过理论的学习与练习能更多地接触会计实务,提高分析和解决问题的能力。

(4) 力求仿真,图文并茂,穿插鲜活案例,模拟实际出纳业务。教材将目前经济活动中的常见原始凭证、票据及账簿移入教材,突出出纳技术能力和岗位能力的培养,操作性强,缩短了课堂和实际工作的距离,增强了学生的就业能力。

(5) 配套资料丰富,本书配有《出纳实务学习指导书》等辅助资料,着重出纳基础知识和技能的巩固、强化与提高。通过与教材的配套使用,更好地实现知识—训练—巩固—提高的系统化。

本书由高杉主编,王庆、刘艳副主编,多位优秀教师和实务界专家参编。具体分工如下:第一章出纳概论(高杉),第二章出纳基本业务技能(刘艳),第三章出纳凭证及账簿(王庆),第四章出纳现金业务(李艳花),第五章出纳银行业务(高杉),第六章出纳税收知识(王庆),第七章出纳资料的整理、保管与工作交接(王庆、陈丽娜、李艳花)。

本书在编写的过程中参考了大量相关教材和论著,在此向有关作者致以深深的谢意!

本书的编写先后经过多次讨论研究,力求内容编排合理、避免错误,但难免存在考虑不周,表达不妥当的地方,书中疏漏不足之处,敬请读者批评指正。

编　者

2019年7月

目 录

第一章 出纳概论 1
第一节 出纳工作 1
第二节 出纳人员 4
第三节 出纳工作的组织 10
本章小结 14
本章重要概念 14
思考与练习 14
推荐阅读资料 14

第二章 出纳基本业务技能 15
第一节 会计数字的书写技能 15
第二节 点钞、验钞技能 19
第三节 翻打传票技能 27
第四节 保险柜使用技能 30
第五节 电子密码支付器的使用 32
第六节 票据及印章管理 35
本章小结 41
本章重要概念 41
思考与练习 41
推荐阅读资料 41

第三章 出纳凭证及账簿 42
第一节 凭证的填制与审核 42
第二节 账簿的设置与登记 60
第三节 出纳报告单和备查账簿 64
本章小结 67
本章重要概念 67
思考与练习 68

推荐阅读资料 ··· 68

第四章 出纳现金业务 69
第一节 现金的管理 69
第二节 现金收入业务 74
第三节 现金支出业务 81
第四节 现金的清查 85
本章小结 ··· 87
本章重要概念 ··· 87
思考与练习 ·· 88
推荐阅读资料 ··· 88

第五章 出纳银行业务 89
第一节 银行结算账户管理概述 89
第二节 支票结算业务 97
第三节 银行汇票和银行本票结算业务 108
第四节 商业汇票结算业务 116
第五节 委托收款和托收承付结算业务 121
第六节 汇兑结算业务 128
第七节 信用卡结算业务 132
本章小结 ··· 135
本章重要概念 ··· 135
思考与练习 ·· 135
推荐阅读资料 ··· 136

第六章 出纳税收知识 137
第一节 税收基础知识 137
第二节 税务登记 140
第三节 发票管理 142
第四节 纳税申报 148
本章小结 ··· 151
本章重要概念 ··· 151
思考与练习 ·· 151
推荐阅读资料 ··· 151

第七章 出纳资料的整理、保管与工作交接 ·········· 152
第一节 出纳资料的整理与保管 ·········· 152
第二节 出纳工作的交接 ·········· 158
本章小结 ·········· 163
本章重要概念 ·········· 164
思考与练习 ·········· 164
推荐阅读资料 ·········· 164

第一章 出纳概论

> 内容简介
> 学习目的和要求
> 引例
> 第一节 出纳工作
> 第二节 出纳人员
> 第三节 出纳工作的组织
> 本章小结
> 本章重要概念
> 思考与练习
> 推荐阅读资料

内容简介

本章主要讲解了出纳工作的含义与特点；出纳工作的内容与基本原则；出纳人员的含义；出纳人员的职责与权限；出纳人员与会计人员的关系；出纳人员应具备的基本素质与职业道德；出纳工作的组织机构设置、人员配备；出纳工作的基本流程。本章重点为出纳工作的内容、出纳人员的职责与权限。

学习目的和要求

通过本章学习，学生应掌握出纳工作的内容、出纳人员的职责与权限；理解出纳工作的基本流程、出纳人员应具备的职业道德；了解出纳工作的组织机构设置、人员配备等基本内容。

引例　出纳入职的第一天

王小红是某高校会计专业的应届毕业生，应聘到华夏公司的财务部工作。上班第一天她就想，"领导会把我分配到哪个核算岗位呢？在学校时，自己的纳税会计学得最好，但愿领导把我分到税务会计组。"此时，财务部经理走过来说："小王，你刚来咱公司，业务情况还不太熟悉，你先从最基本的出纳岗位做起，你了解什么是出纳吗？"王小红轻蔑地说："出纳不就是管钱的，跑银行、收付款，这有啥技术含量？"经理语重心长地说："每一个会计人员都是从出纳工作开始的，出纳工作并不简单，它的每一个环节都有严格的工作流程和规范要求，你还是从头好好学起吧。"

第一节　出纳工作

一、出纳工作的基本含义

出纳一词中的"出"是支出，"纳"是收入，合起来作为一个会计名词，特指货币资金的收入与支出。一般而言，"出纳"一词有两层含义：一是出纳工作；二是出纳人员。

出纳工作是指管理货币资金、票据、有价证券收付的工作。具体来说，它是按照有关规章制度办理本单位的现金收付、银行结算及有关账务，保管库存现金、有价证券、财务印章及有关票据等工作的总称。

出纳工作是会计工作的重要环节,涉及的是现金收付、银行结算等活动,而这些又直接关系到职工个人、单位乃至国家的经济利益,工作出了差错,就会造成不可挽回的损失。因此,了解出纳工作的特点,明确出纳工作的职责,是做好出纳工作的起码条件。

二、出纳工作的特点

出纳工作是会计工作的组成部分,具有一般会计工作的本质属性,但它又是一个专门的岗位、一项专门的技术。因此,出纳工作具有其特点,具体表现如下。

(一)广泛的社会性

出纳工作担负着一个单位货币资金的收付、存取活动,而这些活动是置身于整个社会经济活动的大环境之中的,是和整个社会的经济运转相联系的。只要这个单位发生经济活动,就必然要求出纳人员与之发生经济关系。如出纳人员要了解国家有关财会政策法规并参加这方面的学习和培训,出纳人员要经常跑银行等。因此,出纳工作具有广泛的社会性。

(二)较强的专业性

出纳工作作为会计工作的一个重要岗位,有着专门的操作技术和工作规则。凭证如何填,出纳账怎样记都很有学问,就连保险柜的使用与管理也是很讲究的。因此,要做好出纳工作,一方面要求经过一定的职业教育,另一方面也需要在实践中不断积累经验,掌握其工作要领,熟练使用现代化办公工具,做一个合格的出纳人员。

(三)全面的政策性

出纳工作是一项政策性很强的工作,其工作的每一环节都必须依照国家规定进行。如办理现金收付业务要遵照《现金管理暂行条例》进行,办理银行结算业务必须按照《支付结算办法》进行,办理票据业务须按照我国《票据法》的有关规定进行,并且我国《会计法》《会计基础工作规范》等法律、法规都把出纳工作并入会计工作中来,并对出纳工作提出具体规定和要求。出纳人员不掌握这些政策法规,就做不好出纳工作;不按这些政策法规办事,就违反了财经纪律。

(四)严格的时间性

出纳工作具有很强的时间性,何时发放职工工资,何时核对银行对账单等,都有严格的时间要求,一天都不能延误。因此,出纳人员心里应有个时间表,及时办理各项工作,保证出纳工作质量。

三、出纳工作的职能

出纳工作,是财会工作的一个重要组成部分,从总的方面来讲,其职能可概括为收付、反映、监督、管理四个方面。

(一)收付职能

出纳的最基本职能是收付职能。企业经营活动少不了货物价款的收付、往来款项的收付,也少不了各种有价证券以及金融业务往来的办理。这些业务往来的现金、票据和金融证券的收付和办理,以及银行存款收付业务的办理,都必须经过出纳人员之手。

(二) 反映职能

出纳要利用统一的货币计量单位,通过其特有的现金与银行存款日记账、有价证券的各种明细分类账,对本单位的货币资金和有价证券进行详细的记录与核算,以便为经济管理和投资决策提供完整、系统的经济信息。因此,反映职能是出纳工作的主要职能之一。

(三) 监督职能

出纳要对企业的各种经济业务,特别是货币资金收付业务的合法性、合理性和有效性进行全过程的监督。

(四) 管理职能

出纳还有一个重要的职能是管理职能。对货币资金与有价证券进行保管,对银行存款和各种票据进行管理,对企业资金使用效益进行分析研究,为企业投资决策提供金融信息,甚至直接参与企业的方案评估、投资效益预测分析等都是出纳的职责所在。

四、出纳工作的内容

虽然各个单位的特点不同,其资金运动也各有其特殊性,但只要有货币资金的收付,就要有出纳,出纳工作的目的就是让单位的钱"来得清清楚楚,用得明明白白"。因此,出纳工作的主要内容有以下两方面。

(一) 货币资金收支的核算

出纳的货币资金管理工作主要包括两个方面:一是日常收支业务的办理;二是上述收支业务的账务核算。

(1) 日常收支业务包括:现金的收支;银行存款结算业务的办理;现金、各种有价证券、支票、结算凭证、自制票据和有关印章的保管;发票的开具;其他与货币资金有关的事宜。

(2) 收支业务的账务核算包括:与现金及银行存款有关的记账凭证的编制;现金日记账、银行存款日记账、发票领用登记簿、其他与货币资金相关的备查簿的登记;出纳日报表的编制等。

(二) 货币资金收支的监督

货币资金收支过程中会面临很多消极因素,为了保证货币资金收支的安全,必须对其实施有效的监督。出纳监督是依据国家有关的法律法规和企业的规章制度,在维护财经纪律、执行会计制度的工作权限内,坚决抵制不合法的收支和弄虚作假的行为。出纳在办理现金和银行存款各项业务时,要严格按照财经法规进行,违反规定的业务一律拒绝办理。随时检查和监督财经纪律的执行情况,以保证出纳工作的合法性、合理性,保护单位的经济利益不受侵害。

五、出纳工作的基本原则

出纳工作的基本原则主要指内部牵制原则或者说钱账分管原则。

《会计法》第三十七条规定:"会计机构内部应当建立稽核制度。出纳人员不得兼任稽核、会计档案保管和收入、支出、费用、债权债务账目的登记工作。"钱账分管原则是指凡是涉及款项和财物收付、结算及登记的任何一项工作，必须由两人或两人以上分工办理，以起到相互制约作用。例如，现金和银行存款的支付，应由会计机构负责人（会计主管人员）或其授权的代理人审核、批准，出纳人员付款，记账人员记账；发放工资，应由工资核算人员编制工资单，出纳人员向银行提取现金和分发工资，记账人员记账。实行钱账分管，主要是为了加强会计人员相互制约、相互监督、相互核对，提高会计核算质量，防止工作误差和营私舞弊等行为。

《会计法》专门规定出纳人员不得兼任稽核、会计档案保管和收入、支出、费用、债权债务账目的登记工作，是由于出纳人员是各单位专门从事货币资金收付业务的会计人员，根据复式记账原理，每发生一笔货币资金收付业务，必然引起收入、费用或债权、债务等账簿记录的变化，或者说每发生一笔货币资金收付业务都要登记收入、费用或债权、债务等有关账簿，如果这些账簿登记工作都由出纳人员办理，会给贪污舞弊行为以可乘之机。同样道理，如果稽核、内部档案保管工作也由出纳人员经管，也难以防止利用抽换单据、涂改记录等手段进行舞弊的行为。当然，出纳人员不是完全不能记账，只要所记的账不是收入、费用、债权、债务方面的账目，是可以承担一部分记账工作的。总之，钱账分管原则是出纳工作的一项重要原则，各单位都应建立健全这一制度，防止营私舞弊行为的发生，维护国家和单位财产的安全。

第二节 出纳人员

一、出纳人员的基本含义

"出纳人员"有广义和狭义之分。

从广义上来说，**出纳人员**既包括各单位会计部门设置的出纳人员，也包括各业务部门的各类收款员、工资发放员（专职或兼职）等。无论是专职的还是兼职的收款员、工资发放员，他们大都直接与现金、银行结算票据打交道，也要填制和审核一些原始凭证，他们必须保证自己经手的货币资金、票据的安全与完整，他们所从事的款项收付业务实际上是单位出纳人员工作的延伸。

从狭义上来说，**出纳人员**仅指单位会计部门从事资金收付和核算工作的人员。

出纳业务的管理和出纳人员的教育与培训，应从广义角度综合考虑。

二、出纳人员的职责

出纳是会计工作的重要环节，涉及的是现金收付、银行结算等活动，而这些又直接关系到职工个人、单位乃至国家的经济利益，工作出了差错，就会造成不可挽回的损失。因此，明确出纳人员的职责和权限，是做好出纳工作的起码条件。根据《会计法》《会计基础工作规范》等财会法规，出纳人员具有以下职责：

（1）按照国家有关现金管理和银行结算制度的规定，办理现金收付和银行结算业务。

出纳人员应严格遵守现金开支范围的规定,非现金结算范围不得用现金收付;遵守库存现金限额,超限额的现金按规定及时送存银行;现金管理要做到日清月结,每日下班前应核对库存现金日记账账面余额与现金实有数是否一致,发现问题,及时查对;银行存款日记账与银行对账单也要及时核对,如有不符,应立即查明原因并按相关规定进行处理。

(2) 根据会计制度的规定,在办理现金和银行存款收付业务时,要严格审核有关原始凭证,再据以编制收付款凭证,然后根据编制的收付款凭证逐笔顺序登记现金日记账和银行存款日记账,并结出余额。

(3) 按照国家外汇管理和结汇、购汇制度的规定及有关批件,办理外汇出纳业务。外汇出纳业务是政策性很强的工作,随着改革开放的深入发展,国际间经济交往日益频繁,外汇出纳也越来越重要。出纳人员应熟悉国家外汇管理制度,及时办理结汇、购汇和付汇,避免国家外汇损失。

(4) 掌握银行存款余额,不准签发空头支票,不准出租出借银行账户为其他单位办理结算。这是出纳人员必须遵守的一条纪律,也是防止经济犯罪、维护经济秩序的重要方面。出纳人员应严格支票和银行账户的使用和管理,从出纳这个岗位上堵塞结算漏洞。

(5) 保管库存现金和各种有价证券(如国库券、债券、股票等)的安全与完整。要建立适合本单位情况的现金和有价证券保管责任制,如发生短缺,属于出纳人员责任的要进行赔偿。

(6) 保管有关印章、空白收据和空白支票。印章、空白票据的安全保管十分重要,在实际工作中,因丢失印章和空白票据给单位带来经济损失的不乏其例。对此,出纳人员必须高度重视,建立严格的管理办法。通常,单位财务公章和出纳人员名章要实行分管,交由出纳人员保管的出纳印章要严格按规定用途使用,各种票据要办理领用和注销手续。

三、出纳人员的权限

根据《会计法》《会计基础工作规范》等财会法规的规定,出纳人员具有以下权限。

(一) 维护财经纪律,执行财会制度,抵制不合法的收支和弄虚作假行为

《会计法》是我国会计工作的根本大法,是会计人员必须遵循的重要法规。《会计法》中对会计人员如何维护财经纪律提出了具体规定。这些规定,为出纳人员实行会计监督、维护财经纪律提供了法律保障。出纳人员应认真学习、领会、贯彻这些法规,充分发挥出纳工作的"关卡""前哨"作用,为维护财经纪律、抵制不正之风作出贡献。

(二) 参与货币资金计划定额管理的权力

现金管理制度和银行结算制度是出纳人员开展工作必须遵照执行的法规,而执行这些法规,实际上是赋予了出纳人员对货币资金管理的职权。如加强现金管理,要求各单位的库存现金必须限制在一定的范围内,多余的要按规定送存银行,这便为银行部门利用社会资金进行有计划放款提供了资金基础。因此,出纳工作不是简单的货币资金的收收付付,也不是无足轻重的点点钞票,其工作的意义只有和许多方面的工作联系起来才能体会到。

(三) 管好用好货币资金的权力

出纳人员每天和货币资金打交道,单位的一切货币资金往来都与出纳工作紧密相连,货币资金的来龙去脉,周转速度的快慢,出纳人员都清清楚楚。因此,提出合理安排利用资金的意见和建议,及时提供货币资金使用与周转信息,是出纳人员义不容辞的责任。出纳人员应抛弃被动工作观念,树立主动参与意识,把出纳工作放到整个会计工作、经济管理工作的大局中,这样,既能增强出纳自身的职业光荣感,又开阔了出纳工作新的视野。

技巧提示 1-1

出纳人员必备小技巧

出纳人员日常工作非常琐碎,然而又要求做到严谨细致,处理业务上不得出现半点差错。这样一份工作,一天下来往往使出纳人员身心疲惫。其实,在出纳工作中存在着许多小技巧,能够让出纳的工作变得轻松起来。

(1) 在收付现金时要与当事人当面对清金额,最好与第三人核对后再进行收付进账。

(2) 对需要报销的发票,抬头与本单位不符、大小写金额不符、涂改发票、发票上无收款单位章或收款人章、发票与支票入账方不符者,均不接受发票,待补办手续后再报销。

(3) 报销单据需先签字、后付款;收款单据先交款、后盖章;付款单据要盖付讫章。

(4) 付款单据如由他人代领,应签代领人名字,而不得签被代领人名字;代领人不是本单位的职工,要注明与被代领人关系及其联系地址。

(5) 营业外收入,要以经办单位、交款单位为依据,收款后开给财务收据。

(6) 要注意加强对支票、发票和收据的保管。领用支票要设立备查登记簿,经单位主管财务领导审签后,应由领用人签章。领用现金支票要在存根联上签字,以防正副联金额不符。支票存根联上要逐项写明金额、用途、领用人,并在备查簿上注明空白支票和支票限额。支票作废后要按顺序装订在凭证中。空白发票和收据不能随便外借,已开具金额尚待带出收款的发票和收据,要由借用人出具借据并作登记,以便分清责任,待款收回后再结清借据。发票和收据作废后要退回来,先作废后重开,如果是销货发票退回红冲,应该先由仓库部门验货入库后再进行退款。如果对方丢失发票和收据,要根据对方财务部门开出该款尚未报销的证明才能补办单据,并在证明单上注明原开发票或单据的时间、金额、号码等内容,同时注明"原开单据作废"字样。

(7) 登记银行存款日记账和现金日记账,要首先复核凭证、支票存根、附件是否一致,然后按付出支票号码顺序排列,以便查对。摘要栏应注明经办人、收款单位及支票号码。支票上的印鉴,应即用即盖,并由会计、出纳两人分开保管,支票用印鉴的私人印章,只能用于盖印支票,而不作为其他任何用途。

四、出纳人员与会计人员的关系

(一) 各有各的分工

会计主要负责企业经济业务的核算,通过对企业经济活动的记录,为企业的经济管理和经营决策提供所需的核算资料;出纳则分管企业的货币资金、票据以及有价证券等的收付、保管、核算工作,为企业经济管理和经营决策提供各种金融信息。

总体上讲,必须实行钱账分管,出纳人员不得兼管稽核和会计档案保管,不得负责收入、费用、债权债务等账目的登记工作。总账会计和明细账会计则不得管钱管物。

(二) 两者既互相依赖又互相牵制

出纳、会计之间有着很强的依赖性。他们核算的依据是相同的，都是会计原始凭证和会计记账凭证。这些作为记账凭据的会计凭证必须在出纳、会计之间按照一定的顺序传递。他们相互利用对方的核算资料，共同完成会计任务，缺一不可。

同时，它们之间又互相牵制与控制。出纳的现金和银行存款日记账与会计的现金和银行存款总分类账，有金额上的等量关系。这样，出纳、会计两者之间就构成了相互牵制与控制的关系，两者之间必须相互核对保持一致。

(三) 出纳工作是一种账实兼管的工作，而会计主要是管账

出纳工作，主要是现金、银行存款和各种有价证券的收支与结存核算，以及现金、有价证券的保管和银行存款账户的管理工作。现金和有价证券放在出纳的保险柜中保管，银行存款由出纳办理收支结算手续。出纳人员既要进行出纳账务处理，又要进行现金、有价证券等实物的管理和银行存款收付业务。在这一点上和其他财会工作有着显著的区别。除了出纳，其他财会人员是管账不管钱，管账不管物的。

对出纳工作的这种分工，并不违背财务"钱账分管"的原则，这是由于出纳登记的库存现金日记账、银行存款日记账等是一种特殊的明细账。总账会计还要设置"库存现金""银行存款""其他货币资金"等相应的总分类账对出纳保管和核算的现金、银行存款、有价证券等进行总金额的控制。其中，有价证券还应有出纳核算以外的其他形式的明细分类核算。

(四) 出纳工作直接参与经济活动过程

货物的购销，必须经过两个过程，货物移交和货款的结算。其中货款结算，即货物价款的收入与支付就必须通过出纳工作来完成。往来款项的收付、各种有价证券的经营以及其他金融业务的办理，更是离不开出纳人员的参与，这也是出纳工作的一个显著特点。其他财务工作，一般不直接参与经济活动过程，而只对其进行反映和监督。

五、出纳人员的基本素质

做好出纳工作并不是一件很容易的事，它要求出纳人员要有全面精通的政策水平，熟练高超的业务技能，严谨细致的工作作风，同时还要具有较强的安全意识。

(一) 具有全面精通的政策水平

没有规矩，不成方圆。出纳工作涉及的"规矩"很多，如《会计法》及各种会计制度、现金管理制度及银行结算制度、《会计基础工作规范》、成本管理条例及费用报销额度、税收管理制度及发票管理办法，还有本单位自己的财务管理规定等。这些法规、制度如果不熟悉、不掌握，是绝对做不好出纳工作的。所以，做好出纳工作的第一件大事就是学习、了解、掌握财经法规，提高自己的政策水平。出纳人员只有刻苦掌握政策法规和制度，明白了自己哪些该干，哪些不该干，哪些该抵制，工作起来才会得心应手，才不会犯错误。

(二) 具有熟练高超的业务技能

"台上一分钟，台下十年功。"这对出纳工作来说是十分适用的。出纳工作需要很强的操作技巧。翻打传票、用计算机、填票据、点钞票等，都需要深厚的基本功。作为专职出纳

人员,不但要具备处理一般会计事务的财会专业基本知识,还要具备较高的处理出纳事务的出纳专业知识水平和较强的数字运算能力。出纳的数字运算往往在结算过程中进行,要按计算结果当场开出票据或收付现金,速度要快,又不能出错。这和事后的账目计算有着很大的区别。账目计算错了可以按规定方法更改,但钱算错了就不一定说得清楚,不一定能"改"得过来了。所以说出纳人员要有很强的数字运算能力,不管你用计算机、算盘、计算器,还是别的什么运算器,都必须具备较快的速度和非常高的准确性。在快和准的关系上,作为出纳人员,要把准确放在第一位,要准中求快。提高出纳业务技术水平关键在手上,打算盘、用电脑、开票据,都离不开手。而要提高手的功夫,关键又在勤,勤能生巧,巧自勤来。有了勤,就一定能达到出纳技术操作上的理想境界。另外,还要苦练汉字、阿拉伯数字,提高写作和概括能力,使人见其字如见其人,一张书写工整、填写齐全、摘要精练的票据能表现一个出纳人员的工作能力。

(三) 具有严谨细致的工作作风

要做好出纳工作首先要热爱出纳工作,要有严谨细致的工作作风和职业习惯。作风的培养在成就事业方面至关重要。出纳每天和金钱打交道,稍有不慎就会造成意想不到的损失,出纳人员必须养成与出纳职业相符合的工作作风,概括起来就是:精力集中,有条不紊,严谨细致,沉着冷静。精力集中就是工作起来就要全身心地投入,不为外界所干扰;有条不紊就是计算器具摆放整齐,钱款票据存放有序,办公环境洁而不乱;严谨细致就是认真仔细,做到收支计算准确无误,手续完备,不发生工作差错;沉着冷静就是在复杂的环境中随机应变,化险为夷。

(四) 具有较强的安全意识

现金、有价证券、票据、各种印鉴,既要有内部的保管分工,各负其责,并相互牵制;也要有对外的保安措施,从办公用房的建造,门、屉、柜的锁具配置,到保险柜密码的管理,都要符合保安的要求。出纳人员既要密切配合保安部门的工作,更要增强自身的保安意识,学习保安知识,把保护自身分管的公共财产物资的安全完整作为自己的首要任务来完成。

【小提示】　　　　　　《出纳人员三字经》

出纳人员,很关键;静头脑,清杂念。业务忙,莫慌乱;情绪好,态度谦。取现金,当面点;高警惕,出安全。收现金,点两遍;辨真假,免赔款。支现金,先审单;内容全,要会签。收单据,要规范;不合规,担风险。账外账,甭保管;违法纪,又罚款。

会计职业道德 1-1

出纳人员的岗前准备

刚到企业从事出纳工作,对企业的很多事物都不熟悉,要做好支付、结算等各项出纳工作,首先要对企业的人员、制度、工作流程、部门关系等基本情况有个大致的了解,并主动与相关人员进行沟通,尽快熟悉企业的一些日常事务。具体而言,出纳人员应做的岗前准备工作具体为:

(1) 深入学习会计业务、财经法规。

(2) 了解企业的基本情况、规章制度、企业文化等。
(3) 了解企业的产品、生产工艺、业务流程。
(4) 了解企业的组织结构、人员配置及工作分配情况。
(5) 重点熟悉企业财务制度和财务部门的设置情况。
(6) 顺利进行与原出纳人员的交接工作。
(7) 加强与会计人员和财务主管的沟通。

六、出纳人员的职业道德

出纳是一项特殊的职业,整天接触的是大把大把的金钱,成千上万的钞票,真可谓"万贯家财手中过"。没有良好的职业道德,很难顺利通过"金钱关"。与其他会计人员相比较,出纳人员更应严格地遵守职业道德。根据《会计基础工作规范》规定,出纳人员应具备的职业道德主要包括以下六个方面。

(一) 爱岗敬业,尽职尽责

爱岗就是要求出纳人员要热爱本职工作,安心本职岗位,并为做好本职工作尽心尽力、尽职尽责。敬业是指出纳人员对其所从事的出纳工作要有正确的认识和恭敬的态度,要严肃认真地对待本职工作,将身心与本职工作融为一体。

(二) 了解政策,熟悉法规

出纳人员应当了解企业所在地区的相关经济政策,熟悉财经法律、法规、会计准则和国家统一会计制度,在处理经济业务过程中,不为主观或他人意志左右,始终坚持准则,确保所提供会计信息的真实性、完整性,并自觉维护国家利益、社会公众利益和正常的经济秩序。

(三) 依法办事,规范操作

出纳人员应当按照会计法律、法规和国家统一会计制度规定的程序和要求进行工作,保证提供的会计信息合法、真实、准确、及时、完整。

(四) 客观公正,实事求是

客观是指出纳人员开展工作时,要端正态度、依法办事、实事求是,以客观事实为依据,如实地记录和反映实际经济业务事项,会计核算要准确,记录要可靠,凭证要合法。公正是指出纳人员在履行其职能时,要做到公平公正、不偏不倚,保持应有的独立性,以维护会计主体和社会公众的利益。

(五) 诚实守信,保守秘密

出纳人员要谨慎从业,信誉至上,不为利益所诱惑,不伪造账目,不弄虚作假,如实反映单位经济业务事项。同时,还应当保守本单位的商业秘密,除法律规定和单位领导同意外,不能私自向外界提供或泄露单位的会计信息。

(六) 强化意识,提高服务

出纳人员应具有强烈的服务意识、文明的服务态度和优良的服务质量。出纳人员必须端正服务态度,做到讲信誉、讲诚实、守原则、重承诺,真实、客观地核算单位的经济业务,努力维护和提升出纳职业的良好社会形象。

除此之外,出纳人员还应特别注意如下两点:

一是要清正廉洁,坚持原则。清正廉洁是出纳人员的立业之本,是出纳人员职业道德的首要方面。出纳人员掌握着一个单位的现金和银行存款,若要把公款据为己有或挪作私用,均有方便的条件和较多的机会。同时,外部的经济违法分子也往往会在出纳人员身上打主意,施以小惠,拉其下水。应该说,面对钱欲物欲的考验,绝大多数出纳人员以坚定的意志和清正廉洁的高贵品质赢得了人们的赞誉。当然,也有少数出纳人员利用职务之便贪污舞弊、监守自盗、挪用公款,到头来,害了集体也害了自己。此外,出纳人员肩负着处理各种利益关系的重任,只有坚持原则,才能正确处理国家、集体与个人的利益关系。长期以来,广大出纳人员在工作中坚持原则,无私无畏地维护财经纪律,不少出纳人员因此受到国家和人民的表彰和嘉奖。

二是要提高技能,参与管理。出纳人员应通过学习、培训和实践等途径,不断提高理论水平、实务能力、职业判断能力、自动更新知识能力、提供会计信息能力、沟通交流能力等,运用所掌握的知识、技能和经验,开展出纳工作,履行出纳职责,以适应社会不断发展的出纳工作需要。同时,树立参与管理的意识,全面熟悉本单位货币资金及相关经营管理活动和业务流程,协助领导决策,参与管理活动,做好领导的参谋。

【小提示】　　　　　　　诚信为本,操守为重

中国现代会计之父潘序伦先生终身倡导:"立信,乃会计之本。没有信用,也就没有会计。""信以立志、信以守身、信以处事、信以待人,毋忘立信,当必有成。"

相关案例 1-1

单位出纳挪用公款获刑 8 年

京华时报讯,利用在卫生部干部培训中心做出纳、手中掌管着转账支票和现金支票的便利,44 岁的潘阳阳在 2012 年 9 月至 11 月间,以转账支票转账和现金支票提现的方式,多次将培训中心资金近 600 万元挪用给他人做生意。当年 11 月 28 日,培训中心财资处负责人接到银行电话,得知培训中心账户内余额不多,便向潘阳阳核实情况,她当即承认挪用公款。

近日,潘阳阳以挪用公款罪被朝阳法院判处有期徒刑 8 年,并被责令继续退赔单位 540 余万元。

(资料来源:京华网 www.jinghua.cn)

第三节　出纳工作的组织

一、出纳工作组织机构的设置

我国《会计法》对各单位会计、出纳机构的设置和人员配备没有做出硬性规定,而是要求各单位根据实际需要来设定。各单位应当结合自身经济活动的特点、规模和业务量的大小以及会计人员数量等设置出纳机构,配备必要的出纳人员,建立健全出纳规章制度和

岗位责任制。出纳机构,一般设置在会计机构内部,如各企事业单位财会科、财会处内部设置专门处理出纳业务的出纳组、出纳室;规模小、人员少、业务简单的单位,可以只指定一名专职或兼职的出纳人员。无论采用何种形式,因出纳工作的特殊性,一般都要设立专门的办公场所,习惯上称为出纳室或出纳组。

二、出纳人员的配备

设置了出纳机构,就应当配备相应的出纳人员。一般来说,实行独立核算的单位、在银行开立了独立账户的单位、有经常性现金收入和支出的单位,都应当配备专职或兼职出纳人员。出纳人员配备的多少,主要取决于本单位出纳业务量的大小和工作的繁简程度,要以满足业务需要为原则,一般可采用如表1-1所示的三种形式。

表1-1　　　　　　　　　　企业出纳人员配备的形式

形式	适用范围
一人一岗	规模不大的单位出纳工作量不大,可设专职出纳员一名
一人多岗	规模较小的单位,出纳工作量不大,可设兼职出纳员一名。但出纳人员不得兼任收入、支出、费用、债权债务账目的登记工作及稽核工作和会计档案保管工作
一岗多人	规模较大的单位,出纳工作量较大,可设多名出纳员,分管现金、银行存款、票据核算业务等

三、出纳工作回避要求

在此,需要着重强调一点,在出纳人员的配备过程中,应当贯彻出纳人员的回避制度。我国《会计基础工作规范》中已明确规定:"国家机关、国有企业、事业单位任用会计人员应当实行回避制度。单位领导人的直系亲属不得担任本单位的会计机构负责人、会计主管人员。会计机构负责人、会计主管人员的直系亲属不得在本单位会计机构中担任出纳工作。"

【小提示】
　　需要回避的直系亲属为:夫妻关系、直系血亲关系、三代以内旁系血亲以及近姻亲关系。

四、出纳工作流程

(一) 业务受理流程

出纳人员每天要处理大量的经济业务,协调各方面的经济利益关系,整天与钱打交道,工作琐碎,容易出差错。如何才能既提高工作效率,又保证工作质量?这就需要制定一个合理、有效的工作流程,使得出纳工作有条不紊地进行,以满足会计工作的需要。

1. 资金收入的一般程序

(1) 清楚收入的来源和金额。出纳人员在收到一笔资金之前,应当清楚地知道要收到多少钱,收谁的钱,收什么性质的钱,再按不同的情况进行分析处理。其基本业务程序如下:①确定收款金额。如为现金收入,应考虑库存限额的要求。②明确付款人。出纳人员应当明确付款人的全称和有关情况,对于收到的背书支票或其他代为付款的情况,应由经办人加以注明。③收到销售或劳务性质的收入。出纳人员应当根据有关的销售(或劳务)合同确定收款额是否按协议执行,并对预收账款、当期实现的收入和收回以前应收账款分别进行处理,保证账实一致。④收回代付、代垫及其他应付款。出纳人员应当根据账务记录确定其收款额是否相符,具体包括单位为职工代付的水电费、房租、保险金、个人所得税、职工的个人借款和差旅费借款、单位交纳的押金等。

(2) 清点收入。出纳员在清楚收入的金额和来源后,进行清点核对,清点时应沉着冷静,不要图快。其业务程序如下:①现金清点。现金收入应与经办人当面点清,在清点过程中出纳人员发现短缺、假钞等特殊问题,应由经办人负责。②银行核实。银行结算收入应由出纳人员与银行相核对,如为电话询问或电话银行查询的,只能作为参考,在取得银行有关的收款凭证后,方可正式确认收入,进行账务处理。③清点核对无误后,按规定开具发票或内部使用的收据。如果收入金额较大的,应及时上报有关领导,便于资金的安排调度,手续完毕后,在有关收款依据上加盖"收讫"章。④如果清点核对并开出单据后,再发现现金短缺或假钞,应由出纳人员负责。

(3) 收入退回。如因特殊原因导致收入退回的,如支票印鉴不清,收款单位账号错误等,应由出纳人员及时联系有关经办人或对方单位,重新办理收款。

2. 资金支出的一般程序

(1) 明确支出的金额和用途。出纳人员支付每一笔资金的时候,一定要知道准确的付款金额,合理安排资金。①明确收款人。出纳人员必须严格按合同、发票或有关依据记载的收款人进行付款,对于代为收款的,应当出具原收款人证明材料并与原收款人核实后,方可办理付款手续。②明确付款用途。对于不合法、不合理的付款应当坚决给予抵制并及时汇报。对于用途不明的付款,出纳人员可以拒付。

(2) 付款审批。①由经办人填制付款单证,注明付款金额和用途,并对付款事项的真实性和准确性负责。②有关证明人的签收。经办人的付款用途中,涉及实物的,应当有仓库保管员或实物负责人的签收;涉及差旅、销售费用等的,应当有证明人或知情人加以证明。③有关领导的签字。收款人持证明手续完备的付款单据,报有关领导审阅并签字。④到财务部门办理付款。收款人持内容完备的付款单证,报经会计审核后,由出纳员办理付款。

(3) 办理付款。付款是资金支出中最关键的一环,出纳人员应当特别谨慎,要以"如履薄冰"的态度认真对待,因为款一旦付出,发生差错是很难追回的。应严格核实付款金额、用途及有关审批手续。①现金付款。双方应当面点清。在清点过程中发现短缺、假钞等情况,由出纳员负责。②银行付款。开具支票时,出纳人员应认真填写各项内容,保证要素完整、印鉴清晰、书写正确,如为现金支票,应附领票人的姓名、身份证号码及单位证明。办理转账或汇款时,出纳人员应书写准确、清晰、完整,保证收款人能按时收到款项。

③付款金额经双方确认后,由收款人签字并加盖"付讫"章。如为转账或汇款的,银行单据直接作为已付款证明。④如确认签字后,再发现现金短缺或其他情况,应由收款经办人负责。

(4) 付款退回。如因特殊原因造成支票或汇款退回的,出纳人员应当立即查明原因,如因我方责任引起的,应换开支票或重新汇款,不得借故拖延;如因对方责任引起的,应由对方重新补办手续方可办理。

【小提示】
办理完汇款或转账后,应及时将有关银行单据传真给收款方确认。

(二) 出纳业务账务处理流程

出纳业务账务处理流程见图1-1所示,具体如下:
(1) 按照经济业务内容设置出纳账户。
(2) 按照各项规章制度审核原始凭证。
(3) 根据审核无误的原始凭证填制相关记账凭证。
(4) 登记现金日记账、银行存款日记账及相关备查账簿。
(5) 财产清查,保证账实相符、账账相符。
(6) 编制出纳报告。
(7) 保管出纳资料,按规定办理移交手续。

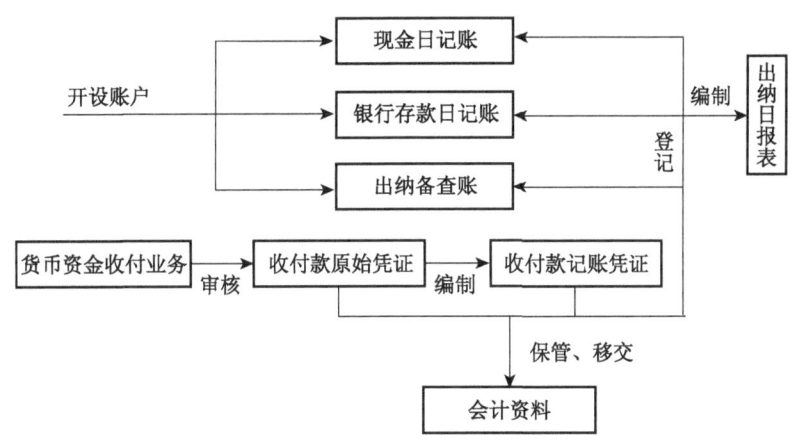

图1-1 出纳业务账务处理流程图

延伸阅读1-1

出纳工作一般日程安排

出纳工作是按时间分阶段进行处理和总结的,因此出纳员在了解资金收支的一般程序和账务处理之后,要对工作有个时间观念,以保证出纳业务得到及时处理,出纳信息得到及时反映。

(1) 上班后,第一时间检查现金、有价证券及其他贵重物品。
(2) 向有关领导及会计主管请示资金安排计划。
(3) 列明当天应处理的事项,分清轻重缓急,根据工作时间合理安排。
(4) 按顺序办理各项收付款业务。
(5) 当天下班前,应将所有的收付款单据编制记账凭证登记入账。
(6) 因特殊事项或情况,造成工作未完成的,应列明未尽事项,留待次日优先办理。
(7) 根据单位需要,每天或每周报送一次出纳报告。
(8) 当天下班前,出纳人员进行账实核对,必须保证现金实有数与日记账、总账相符;收到银行对账单的当天,出纳人员应对其进行核实,银行存款日记账、总账与银行对账单在进行余额调节后应当相符;将多余现金及时送存银行;根据需要编制当天的现金和银行存款日报表,报送给相关领导和会计人员。
(9) 每月终了3天内,出纳人员应当对其保管的支票、发票、有价证券、重要结算凭证进行清点,按顺序进行登记核对。
(10) 其他出纳工作的办理。
(11) 当天下班前,出纳人员应整理好办公用品,锁好抽屉及保险柜,保持办公场所整洁,无资料遗漏或乱放现象。

本 章 小 结

本章主要学习了:出纳工作的含义与特点;出纳工作的内容与基本原则;出纳人员的基本含义;出纳人员的职责与权限;出纳人员与会计人员的关系;出纳人员应具备的基本素质与职业道德;出纳工作的组织机构设置、人员配备;出纳工作回避要求;出纳工作流程。

本章重要概念

出纳　出纳工作　出纳人员　职业道德　出纳机构

思 考 与 练 习

1. 什么是出纳?
2. 出纳工作的内容有哪些?
3. 出纳人员有哪些职责与权限?
4. 出纳人员应具备哪些基本素质与职业道德?

推荐阅读资料

[1]《中华人民共和国会计法》(2017).
[2]《会计基础工作规范》(2019修订).
[3] 许秀萍,郑维. 出纳实务[M]. 2版. 北京:中国人民大学出版社,2019.
[4] 李华. 出纳实务(第四版)[M]. 北京:高等教育出版社,2018.

第二章　出纳基本业务技能

- 内容简介
- 学习目的和要求
- 引例
- 第一节　会计数字的书写技能
- 第二节　点钞、验钞技能
- 第三节　翻打传票技能
- 第四节　保险柜使用技能
- 第五节　电子密码支付器的使用
- 第六节　票据及印章管理
- 本章小结
- 本章重要概念
- 思考与练习
- 推荐阅读资料

内容简介

本章主要讲解了会计数字的书写技能;点钞、验钞技能;翻打传票技能;保险柜使用技能;电子密码支付器的使用;票据及印章管理。本章重点为会计数字的书写技能;点钞、验钞技能;翻打传票技能;电子密码支付器的使用;票据及印章管理。

学习目的和要求

通过本章学习,学生应掌握阿拉伯数字的标准写法、中文大写金额数字和日期的书写要求,做到书写正确、规范、清晰、整洁、美观;理解数字、文字书写在会计工作中的作用;了解数字、文字的电子书写技能;掌握点钞、验钞的基本方法;理解点钞机的使用方法及2015新版人民币的验钞技能;掌握使用计算器和翻打传票技能;掌握电子支付密码系统的使用技能;掌握支票、有价证券、收据及印章管理;了解保险柜的相关知识。

引例　出纳基本业务技能

出纳员王小红平日对计算机十分熟悉,她大学时"会计电算化"这门课程学得非常好,王小红认为现在财务人员的记账、开票及凭证填制都可以通过财务软件完成,点钞也有点钞机可以使用,因此她对手工记账、开票、凭证的填制及手工点钞等出纳基本技能不很重视,可是没想到自己在手工填开转账支票时错误百出,使公司蒙受重大经济损失。那么,出纳人员应掌握哪些基本业务技能?王小红如何做好这项工作?

第一节　会计数字的书写技能

数字的书写是出纳工作的一项基本功。出纳在日常工作中常用的数字书写有两种:一种是阿拉伯数字(小写金额),一种是中文大写数字(大写金额)。数字的书写要求正确、规范、清晰、整洁、美观。

一、阿拉伯数字的书写规范

1. 书写顺序

书写数字应从左到右,由高到低,一个一个地书写,笔画要流畅,不能连笔。

2. 向左倾斜

书写阿拉伯数字应自右上方向左下方倾斜地写,数字与底线夹角一般为45～60度左右。

3. 预留空格

数字要自上而下,自左向右进行,紧贴底线,不要悬空,上不可顶格。数字高度约占账表金额分位格的1/2,数字间不能留有空格。

4. 大小一致

除"6""7"和"9"以外,其他数字大小、高度一致。

(1) "1"的下端应紧靠分位格的左下角;

(2) "4"的顶部不封口,写"∠"时应上抵中线,下至下半格的1/4处,并注意中竖是最关键的一笔,斜度应为60度,否则"4"就写成正体了;

(3) "6"的上端应比其他数字高出整个数字大小的1/4;

(4) 写"7"和"9"时,上端比其他数字低1/4,过底线的部分要占整个数字大小的1/4,其他数字都要靠在底线上书写,不要悬空;

(5) 写"8"时,上方不能开口,注意起笔应写成斜"S"形;

(6) "0"要写成椭圆形,不能有缺口,其高度、宽度和斜度与一般数字相同;

(7) 除"4""5"以外的数字,均应一笔写成,不能人为地增加数字的笔画。

延伸阅读2-1

阿拉伯数字书写在实务中的应用

1. 在填制会计凭证时,阿拉伯金额数字前应当书写货币币种符号或者货币名称简写和币种符号。币种符号与阿拉伯金额数字之间不得留有空白。凡阿拉伯金额数字前写有币种符号的,数字后面不再写货币单位。

2. 所有以元为单位的阿拉伯数字,除表示单价等情况外,一律在元位小数点后填写到分位,无角分的,角、分位可写"00"或符号"—",有角无分的,分位应写"0",不得用符号"—"代替。

3. 小写金额数字书写可采用"三位分节制"记数法。"三位分节制"记数法是国际上通用的一种记数方法,即对于整数位在四位或四位以上的数,从个位起,向左每三位数字作为一节,用分节点","或通过1/4格分开,最前面不足三位的可单独成一个分节。

二、中文大写金额数字和日期的书写规范

(一) 中文大写金额数字的书写要求

中文大写数字笔画多,不易涂改,主要用于填写需要防止涂改的销货发票、银行结算

凭证等原始凭证，书写时要准确、清晰、工整、美观。如果写错，要标明凭证作废，需要重新填制凭证。

（1）中文大写金额数字应一律用正楷或者行书书写。如壹、贰、叁、肆、伍、陆、柒、捌、玖、零、拾、佰、仟、万、亿、圆(元)、角、分、整(正)等字样。不得用中文小写一、二、三、四、五、六、七、八、九、十或廿、两、毛、另(或0)、园等字样代替，不得任意自造简化字。

（2）中文大写金额前应加"人民币"字样，有固定格式的重要凭证，大写金额栏一般都印有"人民币"字样，书写时，金额数字应紧接在"人民币"后面，在"人民币"与大写金额之间不得留有空位；大写金额栏没有印"人民币"字样的，应在大写金额前填写"人民币"三字。

（3）中文大写金额到"元"为止的，应当写"整"或"正"字，如￥500.00应写成"人民币伍佰元整"。中文大写金额到"角"为止的，可以在"角"之后写"整"或"正"字，也可以不写，如￥150.30应写成"人民币壹佰伍拾叁角整"或者"人民币壹佰伍拾元叁角"。中文大写金额到"分"位的，不写"整"或"正"字，如￥150.67应写成"人民币壹佰伍拾元陆角柒分"。

【小提示】
中文大写金额到"元"为止的，应当写"整"或"正"字；中文大写金额到"分"位的，不写"整"或"正"字。

（4）当小写金额数字中有"0"时，大写金额应怎样书写，要看"0"所在的位置。①阿拉伯数字中间有一个"0"或连续有几个"0"时，中文大写金额中间可以只写一个"零"字，如￥1 007.34，应写成"人民币壹仟零柒元叁角肆分"。②阿拉伯金额数字万位或元位是"0"，或者数字中间连续有几个"0"，万位、元位也是"0"，但千位、角位不是"0"时，中文大写金额中可以只写一个"零"字，也可以不写"零"字，如￥1 530.40应写成"人民币壹仟伍佰叁拾元零肆角整"或者"人民币壹仟伍佰叁拾元肆角整"。

（5）数字前必须有数量字。大写金额"拾""佰""仟""万"等数字前必须冠有数量字"壹""贰""叁"……"玖"等，不可省略。特别是壹拾几的"壹"字，由于人们习惯把"壹拾几""壹拾几万"说成"拾几""拾几万"，所以在书写大写金额数字时很容易将"壹"字漏掉。如￥150 000.00应写成"人民币壹拾伍万元整"，而不能写成"人民币拾伍万元整"。

（二）中文大写日期的书写要求

在会计工作中，经常要填写支票、汇票和本票，票据的出票日期必须使用中文大写。为防止变造票据的出票日期，在填写月、日时，月为壹、贰和壹拾的，日为壹至玖和壹拾、贰拾、叁拾的，应在其前加"零"；日为拾壹至拾玖的，应在其前面加"壹"。如：1月11日应写成零壹月壹拾壹日。票据出票日期使用小写填写的，银行不予受理。大写日期未按要求规范填写的，银行可予受理，但由此造成损失的，由出票人自行承担。

票据和结算凭证上一旦写错或漏写了数字，必须重新填写单据，不能在原单据上改写数字,以保证所提供数字真实、准确、及时完整。

【例 2-1】 2019 年 7 月 1 日,华夏有限责任公司向宏叶制造厂购买材料一批,签发付款期限为 4 个月、金额为 50 000 元的商业承兑汇票一张,并于当日承兑(合同号 05006)。

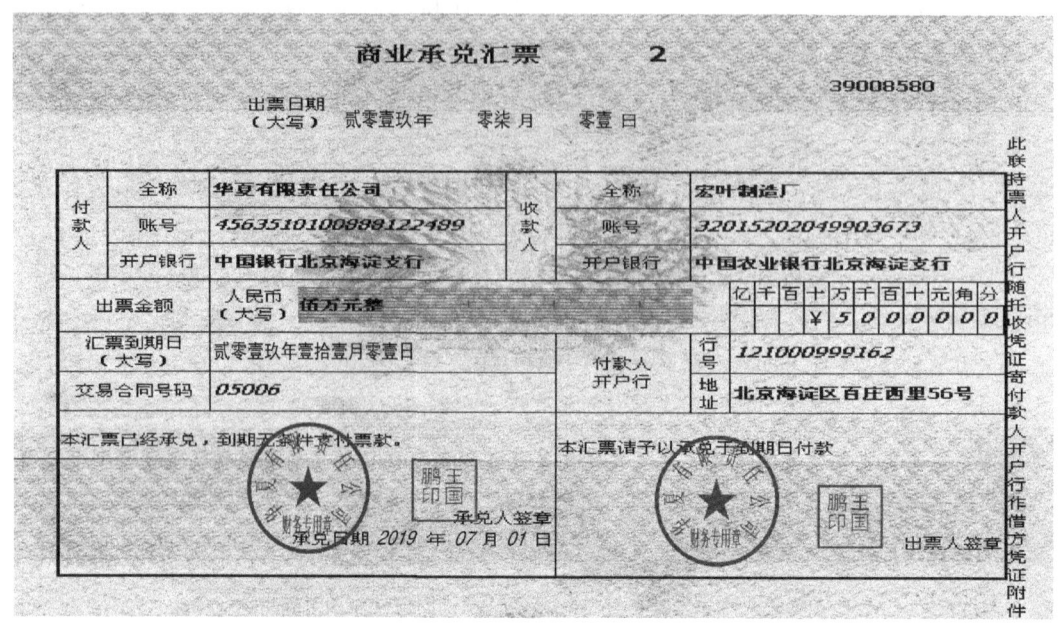

图 2-1 商业承兑汇票

三、电子数字的书写规范

(一) 小写金额数字的电子书写

在用阿拉伯数字填写金额时,在金额首位之前加一个"￥"符号,既可防止在金额前添加数字,又可表明是人民币的金额。"￥"的电子书写主要有两种快捷方法:

(1) 按"Shift"+"$/4"组合键。将语言栏选择切换到中文状态(搜狗输入法、智能 ABC 都可以),然后按键盘"Shift"+"$/4"组合键,中文状态是"￥",英文状态是"$"。

(2) 使用搜狗输入法时,直接输入人民币拼音的缩写,然后选择"￥"。

(二) 电子文字书写在财务工作中的应用

1. 运用中文输入法输入大写数字

(1) 在中文输入法状态下书写大写金额数字。如在搜狗输入法中文状态下输入字母"V",然后用数字小键盘输入需要大写的数字,如输入"456",再输入字母"b",即写成"肆佰伍拾陆",如图 2-2 所示。

(2) 在中文输入法状态下大写日期数字。如在搜狗输入法中文状态下输入字母"V",然后用数字小键盘输入需要大写的数字,如输入"2019",再输入字母"d",即写成"贰零壹玖",如图 2-3 所示。

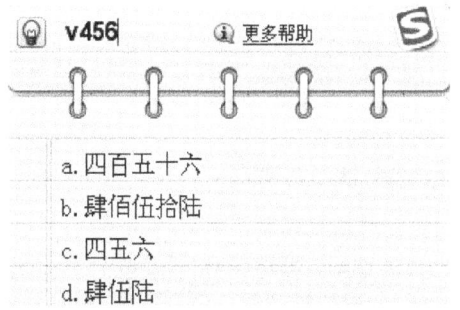

图2-2 大写金额的输入方法

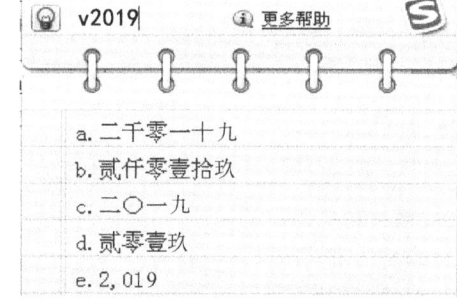

图2-3 大写日期的输入方法

2. 在 Excel 表输入大写金额数字

选中需要输入大写金额的单元格区域,然后按下"Ctrl"+"1"组合键,打开"设置单元格格式"对话框,切换到"特殊"选项卡,在"类型"列表框中选"中文大写数字"选项即可。

3. 在 Word 中输入大写金额数字

如果要输入大写金额数字,可以用菜单栏中"插入"选项,选择"数字"命令。如,输入小写数字"10 000",选中小写数字后,从"插入"菜单中选择"数字"命令,在对话框中选择"壹,贰,叁…"项或"壹元整,贰元整,叁元整…"项,点击"确定",就可显示"壹万"或者也可以直接在"数字"对话框中输入数字。

第二节 点钞、验钞技能

一、点钞的基本知识

点钞又称为票币整点。票币整点就是整理、清点现钞,即整点各种纸币和硬币。点钞作为整理、清点货币的一项专业技能,是从事出纳工作必须具备的基本技能,也是企业对货币进行管理的一个非常重要的环节。

(一)点钞的基本要求

1. 坐姿端正

点钞的坐姿直接影响点钞技术的发挥。正确的坐姿应做到直腰挺胸,双脚平放于地面,全身肌肉放松,两小臂自然放在桌上,左手腕部接触桌面,右手腕部微微抬起,轻松持币。

2. 开扇均匀

不同的点钞方法,都需要将待点钞票开扇,以便于捻动、清点,并防止夹张,合理的开扇方法可以提高点钞的速度和准确性。

3. 清点准确

票币必须当面点清,数量必须准确无误。通常要经过初点和复点。若清点时发现差错,应反复复核,直至准确为止。

4. 票币墩齐

票币在挑选整理和清点无误后,应码齐整理好,以便于存放。做到四条边水平对齐、不露头、卷角拉平。

5. 捆扎合格

百张一把,十把一捆。做到小把扎紧,硬币卷包紧,大捆捆紧。

6. 盖章清晰

每点完一把票币,在扎把条上加盖点钞人员的名章,以明确责任。盖章必须端正、清晰,不可缺字或辨认不清。

(二) 点钞的基本程序

点钞的方法主要有:手工点钞和机器点钞两种。

手工点钞的基本程序主要包括:起钞→拆把→持钞→开扇→点钞→扎把→盖章。

机器点钞的基本程序主要包括:拆把→点数→扎把→盖章。

二、手工点钞的具体方法

手持式点钞方法根据指法不同可分为:单指单张点钞方法、四指四张点钞方法、五指拨动点钞方法和扇面式点钞方法。

(一) 手持式单指单张点钞方法

手持式单指单张点钞就是在清点钞票时左手持钞、右手拇指一次捻动一张钞票,逐张清点的方法,是实际工作当中最常用的一种点钞方法,可用于收款、付款和整点各种新旧大小钞券。优点:由于持票所占的票面较小,能看到的票面大,看得清楚,容易发现假钞,挑剔残钞也较方便;缺点:一张记一个数,比较费力。

1. 起钞拆把

(1) 两手配合将钞票横立墩齐,如图 2-4 所示。

(2) 用左手食指指尖勾断原扎在钞票上的腰条,如图 2-5 所示。

2. 持钞

两手配合将钞票横立墩齐,左手平行于前胸、手心向下,中指、无名指分开,右手将钞票插入左手自然分开的二指中间,左手的食指、中指在钞票正面,无名指和小指在钞票背面,左手四个手指自然弯曲加紧钞票,做打扇面的准备,如图 2-6、图 2-7 所示。

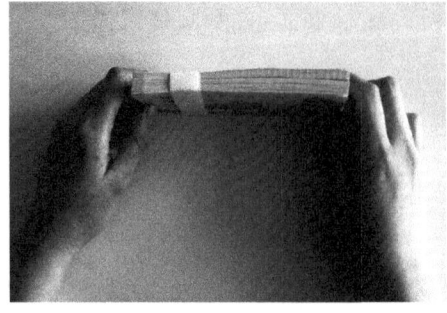

图 2-4 起钞

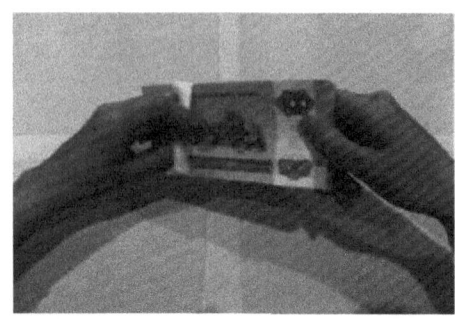

图 2-5 拆把

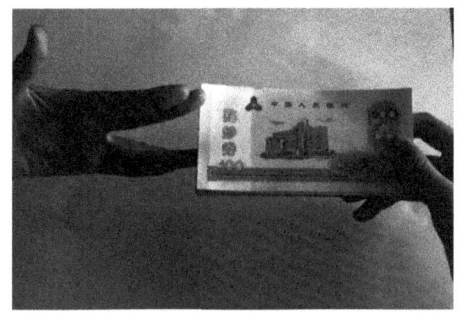 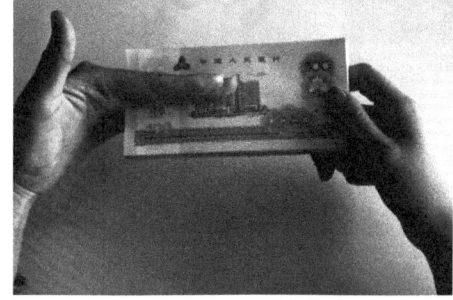

图 2-6　持钞　　　　　　　　　图 2-7　持钞

3. 开扇

(1) 左手拇指横在钞票正面左内侧约占钞票 1/3 处,用力将钞票向上翻转推送,形成约 70°角的扇面,此时左手的拇指应与钞票呈 45°角,并轻轻挡住钞票,切忌紧捏钞票,如图 2-8 所示。

(2) 左手的二指自然伸直贴在钞票的背面,防止在捻点钞券时产生抖动。

【小提示】
　　点钞开扇时一定要两手用力捻动钞票,开扇要均匀。

4. 点钞

(1) 右手食指自然贴在钞票背面右外侧扇面边缘处,并在捻钞时始终做到贴住而不移开。

(2) 右手拇指轻轻按在钞票正面右上角,与右手食指一起捏住少量钞票,如图 2-9 所示。

图 2-8　开扇　　　　　　　　　图 2-9　点钞

(3) 捻钞的角度应与票面呈 45°角,并与在钞票背面的食指来回摩擦捻动,每捻开一张,右手无名指在被捻出的钞券背面轻轻弹拨一次,如图 2-10 所示。

(4) 点数。左手持钞,右手点钞,眼睛紧盯捻动的钞票,同时脑中计数。手、眼、脑三位一体,协调配合,将钞票清点清楚。

5. 扎把

钞票捆扎主要就是扎把,扎把的方法有缠绕式和扭结式两种,其中最常用的是缠绕式。下面主要介绍缠绕式的操作方法与技巧。

(1) 将清点过并墩齐的钞票正面向内横立,如图 2-11 所示。

图 2-10　点钞

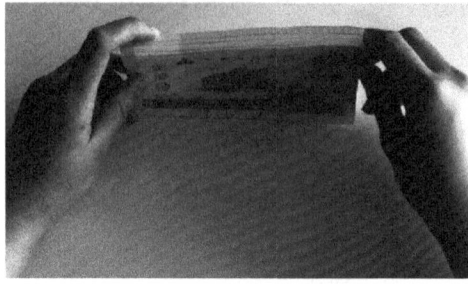

图 2-11　墩齐

(2) 左手拇指向外、四指向内用力,将票面压成向内的一个弧度,如同瓦状,如图 2-12 所示。

(3) 左手食指移到上侧边缘将钞票分成一条缝,右手拇指、食指提扎把条,将扎把条的一头插入钞票中间(离一端1/3 至 1/4 处),如图 2-13 所示。

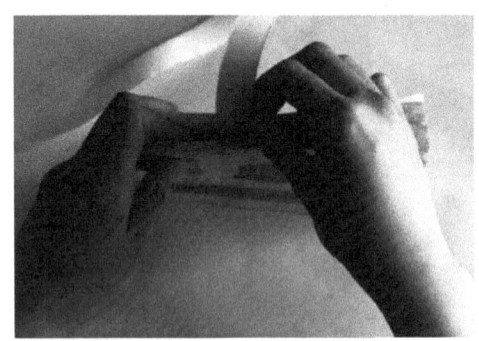

图 2-12　瓦状

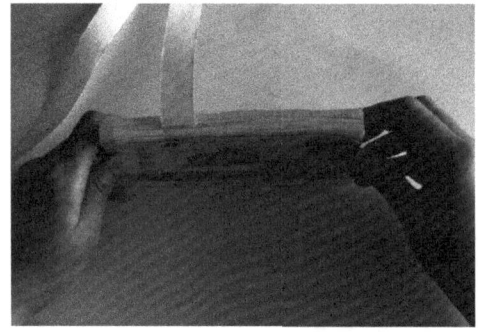

图 2-13　腰条

(4) 右手食指和中指并拢拉住扎把条,以手指为中心,由里向外缠绕两圈,至正面顶端时,左手食指摁住,右手拇指在扎把条前,食指在扎把条后,将扎把条向右折叠90度,然后用食指将扎把条尾端塞入圈内如图 2-14 至图 2-17 所示。

图 2-14　缠绕

图 2-15　固定

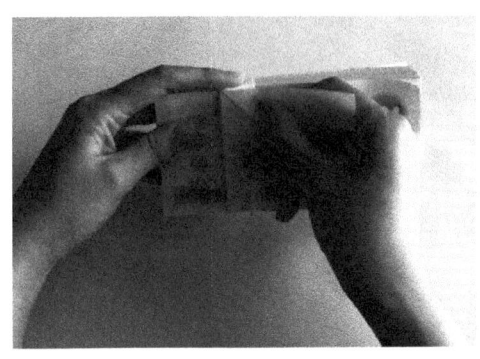
图 2-16　折角

图 2-17　塞条

6. 盖章

在钞票的侧面扎把条加盖名章。

（二）手持式多指多张点钞方法

四指四张点钞法是指点钞时用小指、无名指、中指、食指依次捻下一张钞票，一次清点四张钞票的方法，也叫四指拨动点钞法。优点：不仅省力、省脑，而且效率高，能够逐张识别假钞票和挑剔残破钞票，适用于收款、付款和整点工作；缺点：不适用于点残破票太多的钞票。

1. 持钞

将待点钞票竖立，右手握住钞票的右端，左手手心面向自己，左手无名指和中指分开，夹住钞票最左上端。如图 2-18 所示。

2. 开扇

右手将钞票弯曲成弧形，左手大拇指轻轻压住、食指靠在钞票的上端，右手大拇指将钞票右下端轻轻捏成弧形，如图 2-19 所示。

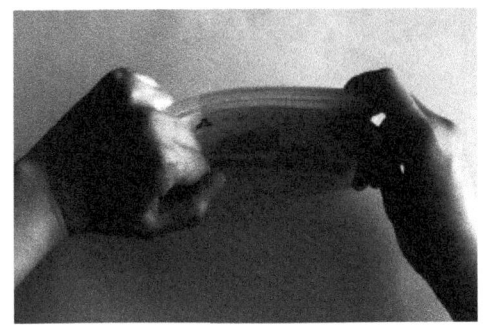
图 2-18　持钞

图 2-19　开扇

3. 点钞

右手拇指往弧形上靠，小指、无名指、中指、食指在钞票的右下端轻轻捻动、放开，一次 4 张，100 张共需点 25 次，如图 2-20 所示。

图 2-20 点钞

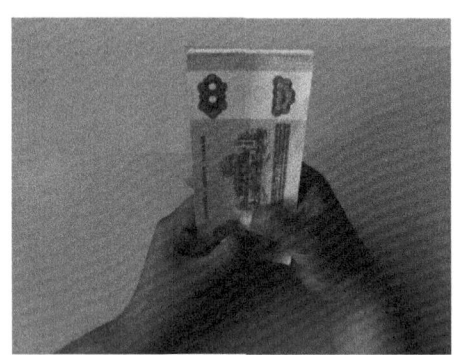
图 2-21 持钞

（三）扇面式点钞方法

扇面式点钞法是指把钞票捻成扇面状进行清点的方法。优点：点钞方法速度快，是手工点钞中效率最高的一种；缺点：清点时往往只看票边，票面可视面极小，不便挑剔残破券和鉴别假票，不适用整点新、旧、破混合的钞券，只适合清点新票币。

1. 持钞

左、右手在钞票下方 1/4 处，两拇指在前，左手拇指在下，右手拇指在上，双手四指略微交叉置于钞票背面下端，右手虎口在钞票右侧 1/3 处，如图 2-21 所示。

2. 开扇

以左手拇指为轴心，利用右手掌及背部四指将钞票向胸前左下方压弯后再猛向右后方甩角，食指、中指在票面后轻拉钞票向右旋转，如图 2-22 所示。

3. 点钞

左手持钞，右手大拇指与食指交替按压扇形右上角每指 5 张或 10 张，每交替一次记数加 1，直至清点完毕后乘以 5 或 10，即为所点钞票张数，如图 2-23 所示。

图 2-22 开扇

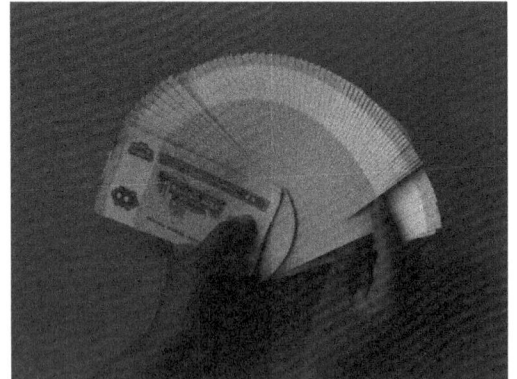
图 2-23 点钞

三、机器点钞的基本知识

机器点钞就是使用点钞机整点钞票以代替手工整点。由于机器点钞代替手工点钞，对提高工作效率,减轻出纳人员劳动强度,改善临柜服务态度,加速资金周转都有积极的作用。随着金融事业的不断发展,出纳的收付业务量也日益增加,机器点钞已成为银行出纳点钞的主要方法。

点钞机是一种自动清点钞票数目的机电一体化装置,一般带有伪钞识别功能,是集计数和辨伪钞票功能为一体的机器,如图2-24所示。由于现金流通规模庞大,银行出纳柜台现金处理工作繁重,点钞机已成为不可缺少的设备。

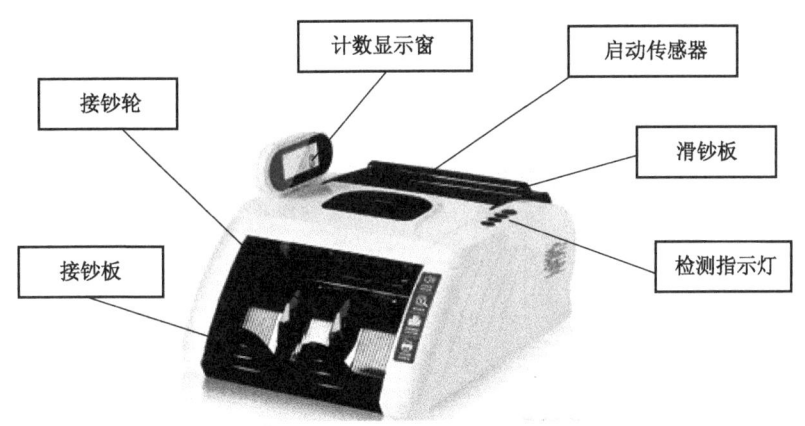

图2-24 验钞机

点钞机的操作程序如下。

1. 拆把

(1) 用右手从机器右侧拿起钞券,右手拇指与中指、无名指、小指分别捏住钞券两侧,拇指在里侧、其余三指在外侧,将钞券横捏成瓦形,食指弯曲勾断腰条。

(2) 右手拇指和其余四指分别捏住钞券正反面,使钞券弹回原处并自然形成微扇面,这样即可将钞券放入下钞斗。

2. 点数

(1) 将钞券放入下钞斗,通过捻钞轮自然下滑到传送带,记数后落到接钞台。

(2) 下钞时,点钞员眼睛要注意传送带上的钞券面额,看钞券是否夹有其他票券、残损券、假钞等,同时要观察数码显示情况。一般当假钞通过时点钞机会自动鸣笛,停止运转。

3. 扎把(略)

4. 盖章

复点完全部钞券后,点钞员要逐把盖好名章。盖章时要做到先轻后重,整齐、清晰。

 相关案例2-1

验　钞

小王是北京一家食品厂出纳,2019年1月份,他在公司开户银行提取现金2万元,用来发放奖金。事后一名员工发现一张100元钞票是假钞,随即找到小王要求更换。小王仔细检查后,发现这张钞票背面的金线是扫描上去的,但是验钞机并没有提示异常。

于是,小王立即将这张假币送交当地人民银行鉴定,由银行开具没收凭证,予以没收处理。事后,小王后悔万分,并提醒自己,以后无论在哪收到现金,都应及时检查,也不能轻信验钞机。

四、验钞技能

2015 新版人民币 100 元纸币的防伪特征,如图 2-25 所示。

图 2-25　2015 新版人民币 100 元纸币的防伪特征

1. 光变镂空开窗安全线

位于票面正面右侧。当观察角度由直视变为斜视时,安全线颜色由品红色变为绿色;透光观察时,可见安全线中正反交替排列的镂空文字"￥100"。

2. 光彩光变数字

在票面正面中部印有光彩光变数字。垂直观察票面,数字"100"以金色为主;平视观察,数字"100"以绿色为主。随着观察角度的改变,数字"100"颜色在金色和绿色之间交替变化,并可见到一条亮光带在数字上下滚动。

3. 人像水印

人像水印清晰度明显提升,层次更加丰富。透光观察,可见毛泽东头像。

4. 横竖双号码

票面正面左下方采用横号码,其冠字和前两位数字为暗红色,后六位数学为黑色;右侧竖号码为蓝色。

5. 胶印对印图案

胶印对印图案由古钱币图案改为面额数字"100",并由票面左侧中间位置调整至左下角。

6. 白水印

位于票面正面横号码下方。透光观察,可以看到透光性很强的水印面额数字"100"。

7. 雕刻凹印

票面正面毛泽东头像、国徽、"中国人民银行"行名、右上角面额数字、盲文及背面人民大会堂等均采用雕刻凹印印刷,用手指触摸有明显的凹凸感。

延伸阅读 2-2

2015 版与 2005 版 100 元人民币的区别

正面图案主要调整：①取消了票面右侧的凹印手感线、隐形面额数字和左下角的光变油墨面额数字。②票面中部增加了光彩光变数字，票面右侧增加了光变镂空开窗安全线和竖号码。③票面右上角面额数字由横排改为竖排，并对数字样式做了调整；中央团花图案中心花卉色彩由橘红色调整为紫色，取消花卉外淡蓝色花环，并对团花图案、接线形式做了调整；胶印对印图案由古钱币图案改为面额数字"100"，并由票面左侧中间位置调整至左下角。

背面图案主要调整：①取消了全息磁性开窗安全线和右下角的防复印标记。②减少了票面左右两侧边部胶印图纹，适当留白；胶印对印图案由古钱币图案改为面额数字"100"，并由票面右侧中间位置调整至右下角；面额数字"100"上半部颜色由深紫色调整为浅紫色，下半部由大红色调整为橘红色，并对线纹结构进行了调整；票面局部装饰图案色彩由蓝、红相间调整为紫、红相间；左上角、右上角面额数字样式均做了调整。③年号调整为"2015 年"。

五、残缺人民币兑换方法

(1) 凡残缺人民币属于下列情况之一者，应持向中国人民银行照全额兑换：①票面残缺不超过 1/5，其余部分的图案、文字能照原样连接者；②票面污损、熏焦、水湿、油浸、变色，但能辨别真假，票面完整或残缺不超过 1/5，票面其余部分的图案、文字，能照原样连接者。

(2) 票面残缺 1/5 以上至 1/2，其余部分的图案文字能照原样连接者，应持向中国人民银行照原面额半数兑换，但不得流通使用。

(3) 凡残缺人民币属于下列情况之一者不予兑换：①票面残缺 1/2 以上者；②票面污损、熏焦、水湿、油浸、变色，不能辨别真假者；③故意挖补、涂改、剪贴、拼凑，揭去一面者。

【小提示】

不予兑换的残缺人民币由中国人民银行打洞作废，不得流通使用。

第三节 翻打传票技能

一、翻打传票的基本知识

(一) 计算器的基本指法

在使用电子计算器时，数字、符号等输入速度和准确性直接会影响到工作的效率和运算结果的正确性。因此，我们应了解电子计算器的指法，并不断练习以提高熟练程度。电子计算器使用的基本指法，如表 2-1 所示。

表 2-1　　　　　　　　　　　　计算器的基本指法

键　位	功　能
0	由拇指负责
1，4，7	由食指负责
2，5，8，00	由中指负责
3，6，9	由无名指负责
＋，－，×，÷，＝	由小指负责

标准的计算器在 5 上应有一个突出的圆点,是计算器的核心键位。在进行盲打计算时,应以此为中心,找到基本键位"4,5,6"键,并在录入数字时手指自然向其他键位延伸。按键时应注意,手指的动作是敲击,这样既可以防止发生连击又可以提高计算速度。

【小提示】
　　在翻打传票时,手指中指要迅速放在计算器键盘有突出圆点的 5 键上,找到基准键位,5 键是核心键位。

(二)翻打传票的含义

翻打传票是指在经济核算过程中,对传票的数据进行汇总计算的一种方法,一般采用加减运算。翻打传票是财务工作人员的一项基本功,熟练地掌握其相关的技能和方法,对实际工作具有重要的意义和作用。

二、翻打传票的基本要求

(一)桌面的摆放

翻打传票时,桌面的摆放应以方便看数、记数和有利于翻页为宜。当采用计算器作为计算工具时,传票本应放在左手边,计算器放在右手边,答题纸放在中间偏下方的位置;当采用小键盘作为计算工具时,传票本应放在键盘的下方,其他与以计算器作为计算工具时的摆放位置基本相同,如图 2-26 所示。

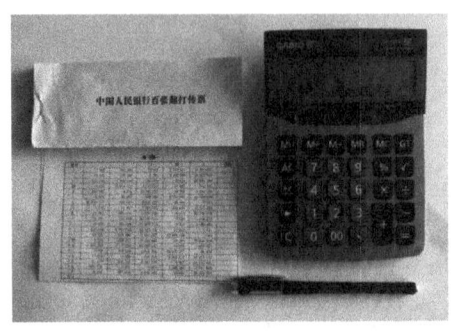

图 2-26　摆放

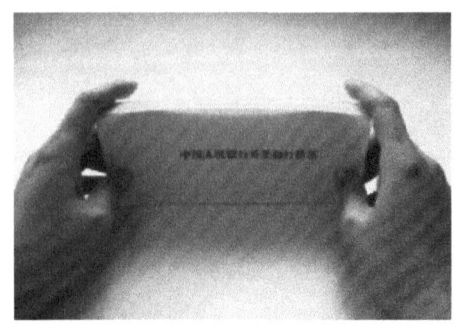

图 2-27　墩齐

（二）传票的整理

传票的整理，具体步骤如下：

（1）传票的墩齐，如图 2-27 所示：检查完毕后，双手将传票侧立在桌面上，将传票墩齐。

（2）传票的开扇，如图 2-28 所示：用左手固定传票左侧，右手延传票边缘轻折二至三次，使传票扇面呈 20 度至 25 度。

（3）传票的固定，如图 2-29 所示：用夹子将传票左上角固定，以防止翻打传票时散乱。

（4）传票的检查：认真检查传票本是否有漏页、缺页、破页、重页、空白、错写或数字不清晰等现象。

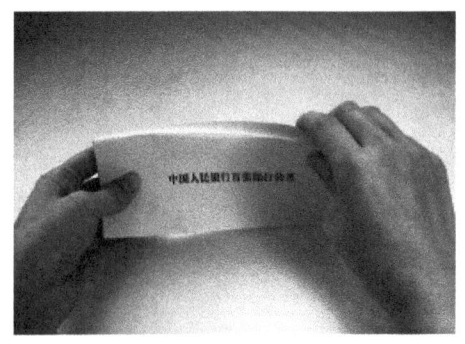

图 2-28　开扇

图 2-29　固定

（三）传票的翻页

传票的翻页是由左手完成的，如图 2-30 所示，其操作方法如下：

（1）用左手的小指、无名指、中指自然弯曲放在传票本的封面页的中部或中部稍左。

（2）用左手拇指翻页，每当拇指翻起一页传票后，食指迅速放进刚翻起的传票下面，将这页传票挡住。

注意翻动传票时，翻页的幅度不宜过大，以能看清金额数字为宜。

（四）传票的翻打

左手翻页和右手录入计算要同时进行，左手每翻动一页，右手迅速将数字输入，如图 2-31 所示。

图 2-30　翻页

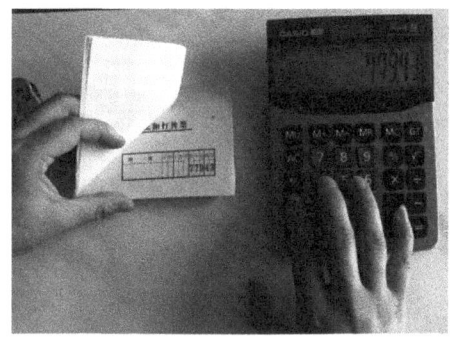

图 2-31　翻打

> 技巧提示 2-1

翻打传票技巧

为了节约答案书写时间,提高运算速度,在进行计算时可握笔运算,如图 2-32 所示。

图 2-32 握笔翻打

第四节 保险柜使用技能

为了保护企业财产安全和完整,单位应配备专用保险柜,专门用于库存现金、各种有价证券、银行票据、印章及其他出纳票据等的保管。

一、保险柜的购买配备

保险柜必须是国家技术监督部门和公安机关认可的品牌,并根据实际情况考虑安装报警系统。

目前使用的保险柜有机械式保险柜和电子保险柜,随着时代的发展及安全的需要,机械式保险柜,如图 2-33 所示,已经逐渐退出历史舞台,取而代之的是现代的电子保险柜,如图 2-34 所示,其保密效果更佳。

图 2-33 机械式保险柜　　　　图 2-34 电子保险柜

二、保险柜的管理

保险柜一般由总会计师或财务经理、财务总监授权,由出纳员负责管理使用。

(一)保险柜钥匙的配备

保险柜必须配备两把钥匙,一把由出纳员保管,供出纳员每日工作时开启使用;另一把交由保卫部门封存,或由单位总会计师或财务经理负责保管,以备紧急情况下经有关领导批准后开启使用。出纳员不能将保险柜钥匙交由他人代为保管。

(二)保险柜的开启

保险柜必须由出纳员开启使用,非出纳员不得开启保险柜。若单位总会计师或财务经理需要对出纳员工作进行检查,比如检查库存现金限额,其他特殊情况需要开启保险柜的,应根据规定的程序由总会计师或财务经理开启。在通常情况下,不得任意开启由出纳员掌管使用的保险柜。

(三)保险柜财物的保管

每日下班前,出纳员应将其使用的空白支票、收据、印章等放入保险柜内。保险柜内存放的现金应设置和登记现金日记账,其他有价证券、存折、票据等应根据种类造册登记,贵重物品应按种类设置备查簿,登记其质量、重量、金额等,所有财物应与账簿记录核对一致。按规定,保险柜内不得存放私人财物。

(四)保险柜密码管理

(1)出纳员应将自己保管使用的保险柜密码熟记于脑,不得书面记载,严格保密,不得向他人泄露,以防被他人利用。

(2)密码应在本单位安保部门或财务负责人处备份封存,作为备用。

(3)出纳调动岗位,新出纳员应更换使用新的密码。

(4)下班前要锁好保险柜,打乱密码,将钥匙带走,印章和支票要分开保管;检查关闭好门窗、电器,开启报警装置(如有),锁好防盗门窗。

【小提示】

出纳调动岗位,新出纳员应认真清点和检查空白支票、收据、印章,还应更换使用新的保险柜密码。

(五)保险柜的安置与维护

(1)保险柜应放置在隐蔽、干燥之处,不宜置于靠近门口和窗户区域并注意通风、防湿、防潮、防虫和防鼠。

(2)安置保险柜的房间,应当按照国家规定采取安防措施。

(3)保险柜外要经常擦抹干净,保险柜内财物应保持整洁卫生、存放整齐。一旦保险柜发生故障,应到公安机关指定的维修店进行修理,以防泄密或失盗。

三、保险柜被盗的处理

出纳员发现保险柜被盗后应迅速采取以下措施:
(1) 保护好现场,禁止无关人员进入现场,不要触动现场任何物品。
(2) 迅速报告公安机关(或保卫处),待公安机关勘查现场时才能清理财物被盗情况。
(3) 不向无关人员泄露相关信息。
(4) 回忆对破案可能有所帮助的信息。
(5) 协助好侦破工作。
(6) 节假日满两天以上或出纳员离开两天以上没有派人代其工作的,应在保险柜锁孔处贴上封条,出纳员到位工作时揭封。如发现封条被撕掉或锁孔处被弄坏,应迅速向公安机关或保卫部门报告,以使公安机关或保卫部门及时查清情况,防止不法分子进一步作案。

相关案例2-2

保险柜被盗处理

小王是公司出纳,2019年春节放假期间财务室被盗,保险柜里的5 000多元现金被洗劫一空,小王虽然有不可推卸的责任,但是他并没有因此而慌张,而是立刻保护好现场,迅速向公安机关报案,然后通知了公司保卫处。待公安机关侦查了现场后,才清理了被盗现场,并积极配合公安机关和公司进行相关情况的调查。

保险柜发生盗窃后的责任问题。保险柜发生盗窃案件,出纳人员是否应承担法律责任呢?从实践中看,如果不是出纳人员玩忽职守或监守自盗,在法律上出纳是没有责任的,但是如果保险柜失窃资金超过了规定的额度,那么出纳应承担赔偿责任。

第五节 电子密码支付器的使用

在银行"对公业务"中,客户在银行开户时,必须将其预留印鉴卡交银行备案。企业在支付资金开具票据如支票时,除填写账号、日期、金额等要素外,最重要的是加盖法人印鉴,作为票据合法和真伪的鉴别。收款方将票据送入收款行后,收款行必须把票据送到付方的开户行,通过折角对印的方式人工验证印鉴的真伪和票据的合法性。

一、使用电子密码支付器的必要性

随着银行电子化的发展,传统的银行票据验证方式由于效率低、安全性差,已经成为制约银行业务发展的障碍。主要表现在:
(1) 印章复制的精度非常高,误差率低于3‰,远远超过了人工肉眼的分辨能力。
(2) 印鉴以一种图形化的方式出现,即使采用电子智能识别技术,其鉴别的准确度也无法控制。
(3) 票据从收款行通过票据交换传送到付款行,需要几天甚至更长的时间。繁重的票据交换工作,使得工作效率难以提高。

（4）印鉴和票据上的金额、账号、日期、票据号码等要素毫不相关,仅以印鉴的真实性认定票据的合法性,给盗填、篡改票据者留下可乘之机。

二、电子支付密码系统的原理及要求

（1）电子支付密码系统的原理是企业利用银行发行的支付密码器,在签发票据时,对票据上的各要素综合进行加密运算产生支付密码。支付密码是根据票据号码、金额、账号、日期等信息计算出的一组16位密码,填写在票据上与印鉴结合作为付款依据,如图2-35至图2-38所示。由于支付密码根据票据的每一个要素使用高强度加密算法而来,因此具有极高的安全性。

（2）这种加密算法作为国家商用密码系统的核心机密,其安全性毋庸置疑。由于票据中的各要素与计算出的支付密码直接关联,票据要素中的任何一个微小的改动,都将导致计算结果的完全不同,这就从根本上杜绝了涂改票据数额的诈骗行为发生。

图 2-35

图 2-36

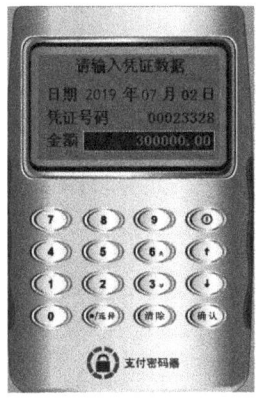

图 2-37

图 2-38

（3）按照中国人民银行总行的要求,电子支付密码主要应用在支票(包括现金支票、转账支票)、汇兑凭证(电汇、信汇凭证)、银行汇票申请书、银行本票申请书和人民银行规定的其他类票据上。

(4) 支付密码器是一种机器,它采用中国人民银行总行和国家商用密码管理局联合颁布的《支付密码器系统》标准,用于运算产生支付密码,其安全性是由国家专门机构保证的。支付密码的功能主要通过支付密码器实现。企业在签发票据时将票据对应的支付密码填写在票据上,作为票据真伪的主要鉴定手段或印鉴的辅助鉴定手段。

【小提示】
　　密码器计算出的16位密码,填写到票据中时,要横着书写。

(5) 任何厂家的一台通用性支付密码器,都可以加载同一单位在不同银行的最多20个账号,可以在所有的银行使用。密码器中的账号由银行人员现场进行装载,账号对应的算法密钥是随机产生的,杜绝了银行柜员及供应商的泄密,且支付密码器采用硬件(具有自毁装置的安全芯片)的形式保存用户的账号密钥,使支付密码器中客户的账号密钥不能被其他任何人和单位窃取。任意一台通用性电子支付密码器中的一个账号都使用不同的算法密钥,即使支付凭证上的内容一样,使用不同支付密码器或不同账号计算出的支付密码均不相同,只有合法的密码器才能算出正确的支付密码,由此保证了支付密码的唯一性。

三、支付密码的产生方式

支付密码与票据要素紧密相关,任何微小的篡改都无法通过银行支付密码校验系统校验,支付密码的产生方式主要有三种:

(1) 支付密码器方式。利用银行发行的支付密码器,客户在签票时对票据上的各要素进行综合运算后产生支付密码,填写在票据上。

(2) 支付密码单方式。银行在票据发行时,配套发行以密码信封方式打印的与票据号对应的支付密码,客户在签票时在票据上填写对应的支付密码,如图2-39所示。

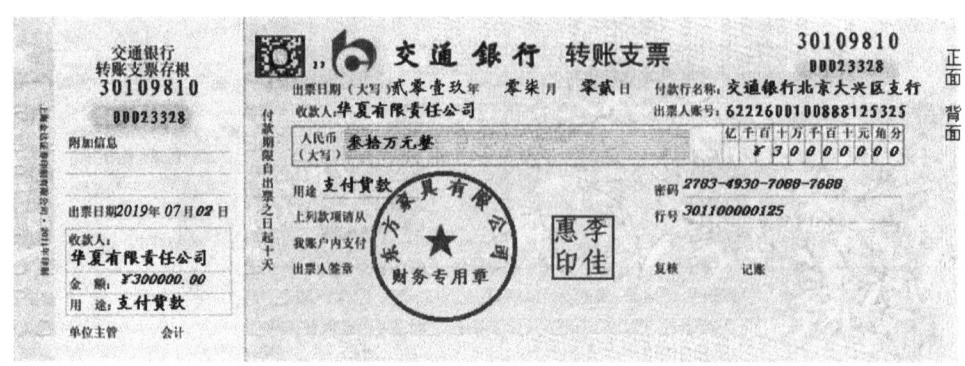

图2-39　填写支付密码

(3) 支付密码卡方式。客户在进行企业电子银行或者网上银行等联机交易时,插在企业终端里的支付密码卡自动计算支付密码,附加在交易请求报文中。

四、支付密码的使用流程

(1) 单位财务人员根据账号、票据类型、出票日期、票据号码和签发金额等要素使用支付密码器算出此张票据的支付密码,并填写在凭证上。

(2) 单位持填有支付密码的票据流转到银行兑付时,银行柜员会将支付密码提交支付密码核验系统由电脑进行自动校验,如果核验正确,则自动提交到会计系统进行结算,如果核算错误则等同为印鉴不符,办理退票。

(3) 电子支付密码系统的原理是企业签发票据时将票据对应的支付密码填写在票据上(或者自动地附加在交易请求报文中),银行通过对票据上支付密码的有效性和合法性进行快速检查,从而鉴定票据或报文的真伪。

第六节 票据及印章管理

一、支票的管理

(一) 支票的购买

企业开立基本存款账户后,便可以在开户银行购买现金支票和转账支票,出纳员去购买支票时,需要带上以下材料:

(1) 在银行预留的印鉴(法人章和财务章)。

(2) 在银行填一份支票申购单,一般情况下,出纳员到开户行对公窗口购买支票,银行的人员便会给您一份单子,称其为凭证购买单(不同的银行给的单子可能名称稍有差别)。需要将其填好,并加盖预留印鉴。

(3) 购买支票专用证。购买支票专用证是在首次购买支票时由银行发给办理支票人员的凭据。专用证的办理方式为:①开户单位申请办理"专用证"时,应填写"购买空白重要凭证登记簿",且须加盖单位公章及预留开户行印鉴;②开户单位将填写无误的"登记簿",持证人身份证及1寸免冠照相片1张(黑色或彩色均可,只要是客户本人的就可以)送开户行办理领证手续。

(4) 一般1本支票为20元。工本费5元、手续费为15元。不过每个银行都不同。往往购买支票时所产生的工本费及手续费由银行从公司账户里扣除。

(5) 支付密码器。

(6) 支票领用登记簿。单位要设立自己的支票使用登记簿,与支票存根进行核对销号,支票使用时注意要按顺序号使用。

(二) 支票的申请

企业支票的使用必须填写"支票领用单",如表2-2所示,由经办人、部门经理、财务经理、总经理签字后方可由出纳开出。

表 2-2　　　　　　　　　　　　　支票领用单

申请人		部门	
用途			
支票金额			
支票种类		使用日期	

支票领用用途：

审批栏		
申请人（出纳）签字	财务主管审批	总经理审批

确认栏		
会计签字	出纳签收	支票号码

（三）空白支票的保管

支票是一种支付凭证，一旦填写了有关的内容，并加盖预留在银行的印鉴后，即可直接从银行提取现金，或与其他单位进行结算。因此，存有空白支票的单位，对空白支票必须严格管理。对空白支票的保管主要应当注意以下四个方面：

（1）贯彻票、印分管原则，即空白支票和印章应分别指定专人负责保管，不得由同一人负责保管。

（2）单位撤销、合并、结清账户时，应将剩余的空白支票，填列一式两联清单，全部交回银行注销。清单一联由银行盖章后退交收款人，另一联作为清户传票附件。

（3）对事先不能确定采购物资单价、金额的，经单位领导批准，可将填明收款人名称和签发日期的支票交采购人员，明确用途和款项限额，使用支票人员回单位后必须及时向财务部门结算。

（4）设置"空白支票签发登记簿"，经单位领导批准，出纳员签发空白支票后，应在"空白支票签发登记簿"（如表 2-3 所示）加以登记。

表 2-3　　　　　　　　　　　　空白支票签发登记簿

领用日期	支票号码	领用人员	用途	收款单位	限额	批准人	销号日期	备注

（四）收款支票、转让支票、报废支票的管理

支票出纳员不应只重视空白支票的管理，也应重视对从外单位收受的支票的管理与保管，宜建立支票收款登记簿、支票转让登记簿、支票作废登记簿，如表2-4所示。

表2-4　　　　　　　　　　　　　　支票作废登记簿

序号	支票号	出票日期	作废原因	面值

（五）支票遗失管理

已签发的现金支票遗失，可以向银行申请挂失；已签发的转账支票遗失，可请求收款人协助防范。

到开户行申请挂失，填写《支票挂失申请书》，载明申请人（权利人）名称、支票丧失原因、支票种类、出票人户名、账号、支票号码、支票金额和出票日期等，并在挂失申请书上签字或盖章交给开户银行，在挂失止付后3日内到人民法院申请公示催告即可。

会计职业道德2-1

签发空白支票

某公司因业务发展需要，从人才市场招聘了一名出纳，起初这名出纳工作认真负责，勤恳敬业，公司领导和同事对他的工作都很满意。但受到同事在股市赚钱的影响，这名出纳也涉足股市，然而事非所愿，在进入股市后很快被套牢，急于翻本又没有资金，他开始对自己每天经手的现金动了邪念。凭着财务经理对他的信任，他拿了财务经理的财务专用章在自己保管的空白现金支票上盖章取款。月末，也是他到银行提取对账单且自行核对，因此在很长一段时间内未被发现。至案发时，公司蒙受了巨大的经济损失。

二、有价证券的管理

有价证券是指具有一定票面价格，能够给其持有人定期带来收入的所有权或债权凭证。企业持有的有价证券是企业资产的一个组成部分，具有与现金相同的性质和价值。

（一）有价证券的类别

企业拥有的有价证券通常包括国库券、特种国债、国家重点建设债券、地方债券、金融债券、企业债券和股票等，从广义上说，有价证券还包括汇票、支票、提货单等。

（二）有价证券的保管

由于有价证券能够变现，具有与现金相同的性质和价值，所以，企业持有的有价证券必须由出纳员按照与货币资金相同的要求进行管理。

1. 实行账证分管

账证分管就是指由会计部门管账、出纳部门管证,这样可以相互牵制、互相核对。

2. 按货币资金的管理要求进行管理

有价证券的变现能力很强,具有与现金相同的性质和价值。所以,企业持有的有价证券(包括记名的和不记名的)必须由出纳员按照与货币资金相同的要求进行管理。有价证券除法人认购的股票外,一般是不记名的,所以在保管上难度较大。出纳员有保管现金的经验,并具有保护其安全的客观条件,因此是保管企业有价证券的最佳人选。有价证券必须由出纳员分类整齐地摆放在保险柜内保管,切忌由经办人自行保管。此外,还要随时或定期进行抽查与盘点。出纳员对自己保管的各种有价证券的面额和号码应保守秘密。

3. 专设出纳账进行详细核算

出纳员对自己负责保管的各种有价证券,要专设出纳账进行详细核算,并由总账会计的总分类账进行控制。如设置"长期股权投资——××企业""债权投资——××企业"等长期投资明细账,在总账"长期股权投资"和"债权投资"的控制下,由出纳员进行登记,并定期出具收、付、存报告单。出纳部门的有价证券明细账要按证券种类分设户头,所记金额应与总账会计相一致,当账面金额与证券面值不一致时,应在摘要栏内注明证券的批次、面值和张数。必要时,还可以设置辅助登记簿进行补充登记。

4. 非出纳员使用有价证券

当业务人员提取有价证券时,出纳员应要求其办理类似现金借据的正规手续,以此作为支付凭证。业务办理完毕后,业务人员应交还有价证券,并由出纳员在借据上加盖注销章后退还出具人。

5. 建立有价证券购销明细表

为了及时掌握各种证券的到期时间,出纳员可以通过编制"有价证券购销明细表"来避免失误,"有价证券购销明细表"详细标明各种有价证券的购入与到期时间,也可以通过同时按证券种类和批次设置明细账并在摘要栏注明到期日的办法,来提供有价证券的购销时间。

三、收据的管理

(一) 收据的保管

收据是表明收据开出者收到各种业务款项的货币凭证。公司的收据由财务部统一印制(购买),出纳负责使用和登记,出纳应设立《收据使用登记本》于使用时进行登记,开具收据时必须注明客户名、金额、收款时间、款项性质、交款人和收款人等事项;收据除了出纳可以使用外,只有公司经理可以领用,工程经理若代收工程款,统一到出纳处领取收据,出纳根据预计要收的金额先开好收据,然后在 24 小时内将收回的款项准时入账,由于收据丢失等原因所造成的一切损失一律由当事人承担,其他人员一律不得借领收据。

(二) 收据的领用及开具要求

收款收据只允许本公司具有收款业务的单位专人领用。领用时由财务部在登记簿上登记收据号码、领用日期、用途等,领用人签字登记后领用。

收取销售款、房租、物业管理费、个人还款等可以开具收款收据。收款收据中,应详细列明付款单位、收款内容、收款大小写金额,由收款人凭收款收据记账联、所收现金或银行票据到财务部办理收款手续。

四、印章管理

(一)出纳常用的印章

出纳常用的印章有:

(1) 公章。
(2) 合同章。
(3) 财务专用章(如图 2-40 所示)。
(4) 法人私章(如图 2-40 所示)。
(5) 发票专用章。
(6) 会计专用章,包括银行付讫、银行收讫、结清、作废、现金付讫、现金收讫、承前页、过次页等。

(二)印章的保管

出纳员使用的财务印章必须妥善保管,严格按照规定的用途使用,不得将印章随意存放或带出工作单位。用于签发支票的各种预留银行印鉴应由主管会计人员或其他指定人员保管,不得由出纳员一人保管。公司财务印鉴分为财务专用章和企业法人名章,应分别保管。印章使用时必须经公司经理批准并在印章使用登记簿上登记,如表 2-5 所示,注明使用的时间和用途。

图 2-40 财务专用章、法人私章

表 2-5　　　　　　　　　　　印章使用登记簿

印章名称	用途	经办	日期	起止时间	备注

(三) 印章的使用

1. 出纳在以下情况需要盖财务专用章

(1) 所有收款单据。

(2) 用银行存款付款时,需交付银行据以办理的自填凭单(支票、汇票委托书等)。

(3) 自制付款单据(工资表、差旅费结算单等)。

(4) 由财务出具的证明。

(5) 凭收款的支票办理进账时需要盖财务专用章。

2. 发票专用章

在税务局办理了领用发票资格时,税务部门会要求其刻制"发票专用章",此章限于开发票使用,发票章上有纳税识别号,可以查询这张发票是不是该企业开具的。

3. 会计专用章

会计专用章一般都用红的印油,只有科目用蓝印泥,比如记账凭证上的科目如果不用手写就可以盖科目章,还有总账、明细账上的科目、日期也可以,一般就是用黑笔写的能用会计章代替手工的都用蓝印泥。

【小提示】

企业要贯彻票、印分管的原则,空白支票和印章不得由一人负责保管。这样可以明确责任,形成制约机制,防止舞弊行为。

(四) 印章遗失或需要更换预留银行印鉴的处理

企业如果发生印鉴遗失或需要更换预留银行印鉴,出纳人员应向银行办理相关手续。

(1) 开户单位向开户银行提出申请,填写"印鉴变更申请书",与证明情况的公函一并交银行审核,经银行同意后,在银行发给的新印鉴卡的背面加盖原预留银行印鉴,在正面加盖新更换的印鉴,与银行约定新印鉴的启用日期。

(2) 办理印鉴变更所需资料:①提交单位的营业执照及法人身份证复印件;②新公章、财务专用章、法人章及公安局出具的新刻章证明原件及复印件;③承接刻章单位的刻章证明原件;④由法人或者单位负责人直接办理的,还应出示其身份证;授权他人办理的,应出具经法人或者单位负责人签章的授权书、身份证件及经办人本人的身份证件。

延伸阅读2-3

印章的交接及罚则

1. 印章的交接

(1) 财务人员调动或者调岗时,须办理印章交接手续,交接财务印章及相关资料。

(2) 总公司或分支公司财务印章交接由总公司财务总监监交。交接书上应记录印章交接的时间、枚数、名称,并在相应位置加盖所交接印章的印模。

2. 罚则:保管和使用印章的相关人员应恪尽职守,确保真实严格、规范安全地使用印章

(1) 履行审核、审查、审批等手续过程中,故意隐瞒真实情况或不完整提供相关资料骗取同意的。
(2) 未经批准擅自刻制、使用、复制、出借、转借印章的。
(3) 未按审批用途将印章挪作他用的。
(4) 未按规定流程申请、审批、登记、移交接交印章的。
(5) 保管、使用不当,造成印章损毁、遗失或盗用的。
(6) 未给公司造成损失和不良影响的,给予批评教育;造成不良影响的或直接经济损失的,报总公司行政中心给予处理。

本章小结

本章主要学习了:阿拉伯数字的标准写法、中文大写金额数字的书写要求、中文大写日期的书写要求,做到书写正确、规范、清晰、整洁、美观;了解数字、文字书写在会计工作中的作用;数字、文字的电子书写技能;点钞的基本知识、基本方法、点钞机的使用方法及2015新版人民币的验钞技能;使用计算器和翻打传票技能,保险柜的购买配备、保险柜的管理、保险柜被盗的处理;电子支付密码系统的原理及要求。支票的管理、有价证券的管理、收据的管理及印章管理。

本章重要概念

手持式单指单张点钞　翻打传票　支付密码　有价证券

思考与练习

1. 书写大写金额数字的要领和要求是什么?
2. 电子支付密码是如何产生的?
3. 印章遗失或需要更换预留银行印鉴应如何处理?

推荐阅读资料

[1] 施海丽,王巧云.出纳实务[M].2版.北京:清华大学出版社,2014.
[2]《印章管理办法》(2018).
[3] 蔡蓉.出纳实务[M].北京:中国人民大学出版社,2014.
[4] 钱妙爱.会计基本技能单项训练[M].北京:清华大学出版社,2014.

第三章　出纳凭证及账簿

> 内容简介
> 学习目的和要求
> 引例
> 第一节　凭证的填制与审核
> 第二节　账簿的设置与登记
> 第三节　出纳报告单和备查账簿
> 本章小结
> 本章重要概念
> 思考与练习
> 推荐阅读资料

内容简介

本章主要讲解了出纳原始凭证的填制与审核；出纳记账凭证的填制、审核及记账凭证错误的更正；出纳账簿的设置、启用与登记；出纳报告单和备查账簿。本章的重点是掌握出纳原始凭证、记账凭证的填制与审核，熟悉出纳账簿的设置、启用与登记。

学习目的和要求

通过本章学习，学生应了解原始凭证、记账凭证、账簿的概念与分类。熟悉出纳日记账的设置、启用与登记方法。掌握出纳凭证的填制与审核，并能熟练地进行出纳核算工作。

引例　出纳核算工作涉及的会计资料

华夏有限责任公司于2019年6月发生如下收付业务。

业务一：6月5日，收到友泰公司交来的出借包装物押金800元，出纳王小红收讫现金，并开具收款收据。

业务二：6月5日，出纳员王小红填制现金支票一张，提取现金2 000元备用。

业务三：6月12日，办公室张瑶报销购买办公用品费用2 000元，出纳王小红审核费用报销单后，以现金付讫。

业务四：6月18日，出纳员王小红签发转账支票一张，支付大成会计师事务所审计费5 000元。

业务五：承业务四，6月18日，出纳员王小红填制进账单，并持上述转账支票正联到银行办理转账手续。（大成会计师事务所的开户银行及账号信息为：中国工商银行北京朝阳支行、9558810026710675566）

业务六：6月20日，采购部李林因出差借款1 500元，出纳员王小红审核借款单后，以现金付讫。

作为华夏有限责任公司的出纳员，王小红应如何填制或审核原始凭证，并根据原始凭证填制相应的记账凭证，登记出纳日记账？

第一节　凭证的填制与审核

会计凭证简称凭证，是用来记录经济业务，明确经济责任的书面证明，也是登记会计账簿的依据。一切会计记录都必须有真实凭据,使会计核算资料具有客观性,所以填制和审核会计凭证是会计核算工作的起点。

会计凭证按照填制程序和用途不同,可分为原始凭证和记账凭证两大类。

一、出纳原始凭证

原始凭证又称原始单据,是在经济业务发生或完成时取得或填制的,用以记录或证明经济业务发生或完成情况的原始凭据。

(一) 出纳原始凭证的种类

原始凭证是进行会计核算的原始资料,对于出纳人员而言,凡是涉及现金收付、银行结算及外汇收付和结算的业务,都必须取得或填制原始凭证。

原始凭证按照取得的来源,可分为自制原始凭证和外来原始凭证。

1. 自制原始凭证

自制原始凭证是指由本单位有关部门和人员,在执行或完成某项经济业务时填制的,仅供本单位内部使用的原始凭证。

出纳涉及的自制原始凭证,有些由出纳填制,如提取现金时填制的现金支票、送存现金时填制的现金解款单、现金收款时填制的收款收据、银行付款结算时签发的转账支票、凭转账支票办理转账手续时填制的进账单等;有些由相关经办人员填制,经出纳人员审核无误后办理收款或付款手续,如借款单、费用报销单等。

> **技巧提示 3-1**

选择适用的原始凭证

应根据不同业务选择适用的原始凭证,如图 3-1 至图 3-7 所示。如,提取现金业务,选择填制现金支票;送存现金业务,选择填制现金解款单;收款业务,选择填制收款收据;送存转账支票时,选择填制进账单;员工借款时,选择填制借款单;员工报销费用时,选择填制费用报销单等。

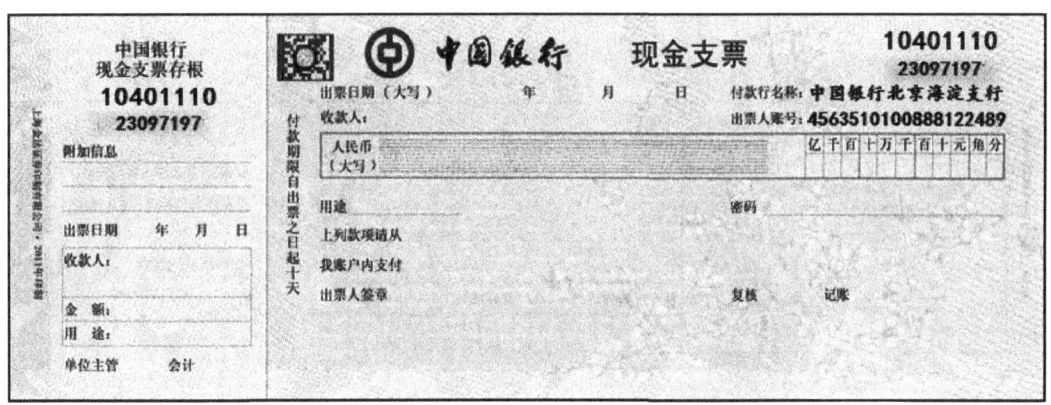

图 3-1 空白现金支票

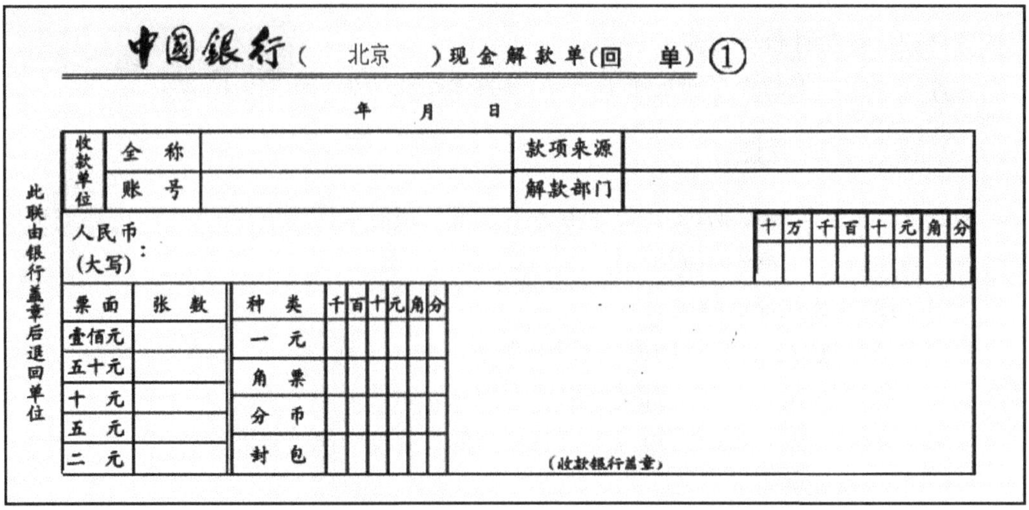

中国银行（ 北京 ）现金解款单（回 单）①

年 月 日

收款单位	全 称		款项来源	
	账 号		解款部门	

人民币（大写）：

十	万	千	百	十	元	角	分

票 面	张 数	种 类	千	百	十	元	角	分
壹佰元		一 元						
五十元		角 票						
十 元		分 币						
五 元		封 包						
二 元								

（收款银行盖章）

此联由银行盖章后退回单位

图 3-2 空白现金解款单

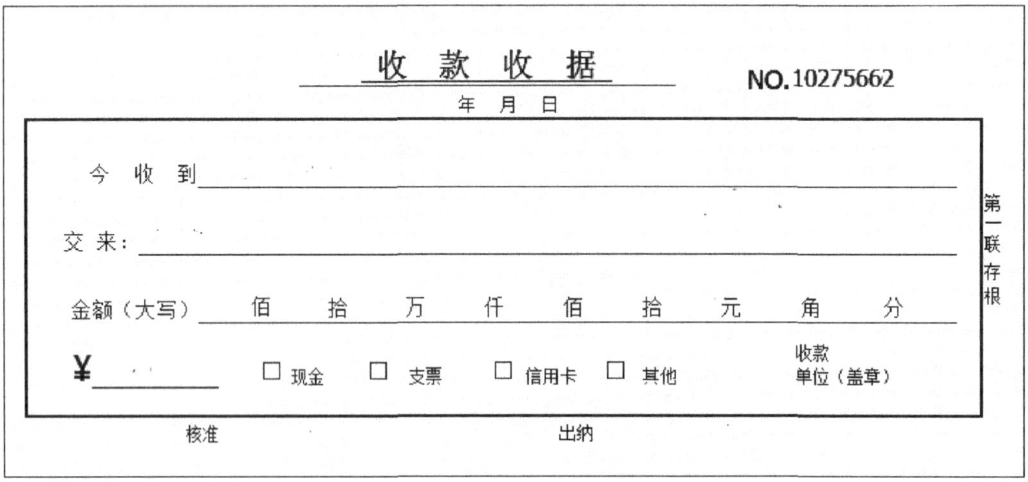

收 款 收 据

NO.10275662

年 月 日

今 收 到

交 来：

金额（大写） 佰 拾 万 仟 佰 拾 元 角 分

¥ □现金 □支票 □信用卡 □其他

收款单位（盖章）

核准 出纳

第一联存根

图 3-3 空白收款收据

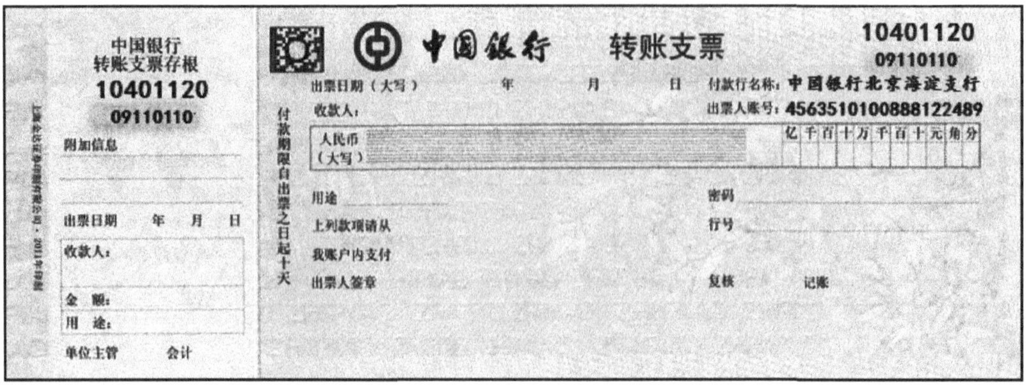

中国银行
转账支票存根
10401120
09110110

附加信息

出票日期 年 月 日

收款人：

金 额：

用 途：

单位主管 会计

中国银行 转账支票 10401120 09110110

出票日期（大写） 年 月 日 付款行名称：中国银行北京海淀支行

收款人： 出票人账号：4563510100888122489

人民币（大写）

亿	千	百	十	万	千	百	十	元	角	分

用途 密码

上列款项请从 行号

我账户内支付

出票人签章 复核 记账

付款期限自出票之日起十天

图 3-4 空白转账支票

中国银行 进账单 （回 单） 1

年 月 日

出票人	全 称		收款人	全 称	
	账 号			账 号	
	开户银行			开户银行	
金额	人民币（大写）				亿 千 百 十 万 千 百 十 元 角 分
票据种类		票据张数			
票据号码					
复核 记账			开户银行签章		

此联是开户银行交给持票人的回单

图 3-5 空白进账单

借 款 单

年 月 日 第 号

借款部门		姓名		事由	
借款金额（大写）	万 仟 佰 拾 元 角 分 ¥				
部门负责人签署		借款人签章		注意事项	一、凡借用公款必须使用本单 二、出差返回后三天内结算
单位领导批示		财务经理审核意见			

图 3-6 空白借款单

报 销 单

填报日期： 年 月 日 单据及附件共 张

姓名	所属部门		报销形式	
			支票号码	
报销项目	摘 要	金 额	备注：	
合 计				
金额大写： 拾 万 仟 佰 拾 元 角 分		原借款： 元	应退（补）款： 元	

总经理： 财务经理： 部门经理： 会计： 出纳： 报销人：

图 3-7 空白费用报销单

2. 外来原始凭证

外来原始凭证是指在经济业务发生或完成时,从其他单位或个人直接取得的原始凭证。如从供货单位取得的购货发票(如图 3-13 所示),从银行取得的收款、付款通知单,发生业务招待费时从饭店取得的餐费发票,职工出差取得的飞机票和火车票等。

(二)原始凭证的基本内容

每个单位在办理经济业务时,都要由经办人员按照规定的程序和要求填制或取得原始凭证,用以记录经济业务发生的日期、经济业务的内容和金额等信息,并在凭证上签名或盖章,以明确经济责任。

虽然不同的原始凭证反映不同的经济业务内容,有不同的格式,但都包含以下几个要素:

(1)原始凭证的名称。
(2)填制原始凭证的日期。
(3)接受凭证单位名称。
(4)经济业务内容。
(5)经济业务的数量、单价和金额。
(6)填制凭证单位名称或填制人姓名。
(7)经办人员的签名或者盖章。

有些原始凭证除包括以上基本内容外,还要满足其他业务部门的管理需要,因此还需要列入一些补充内容,如凭证编号和凭证附件等。

【例 3-1】 承引例中的业务一:2019 年 6 月 5 日,华夏有限责任公司收取友泰有限责任公司交来的出借包装物押金 800 元,出纳员王小红收讫现金,并填制收款收据(如图 3-8 所示)。

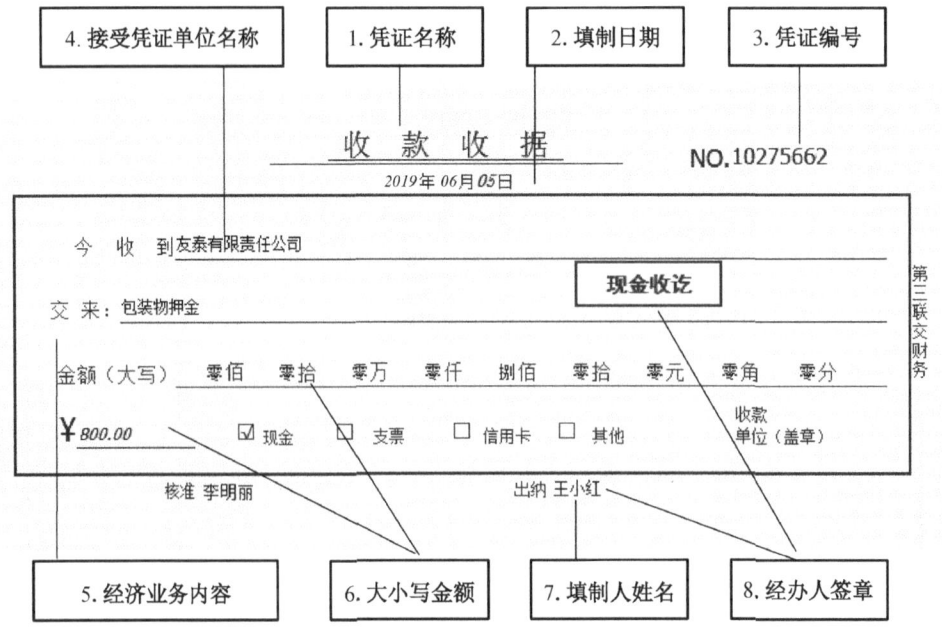

图 3-8 收款收据填写示范

图示分析：

（1）凭证名称：如"收款收据"，一般都是提前印好的。

（2）填制日期：如"2019年6月05日"，需如实填写；在会计工作中，支票、汇票和本票等票据的出票日期必须使用中文大写，其他单据一般使用小写日期。

（3）单据编号：如"10275662"，一般都是提前印好的。

（4）接受凭证单位名称：如"友泰有限责任公司"，原则上单位名称必须是该单位的全称。

（5）经济业务内容：如"包装物押金"，是对经济业务内容的简单描述，是编制记账凭证时选用会计科目的重要依据。

（6）金额：如"￥800.00""人民币捌佰元整"，金额以中文大写和阿拉伯数字同时记载的，二者必须一致。

（7）填制人姓名：如"王小红"，由收款单位出纳办理收款手续，同时填制收款收据。

（8）签章：如"王小红""李明丽"，出纳办理完收款手续后，应在收款收据上加盖"现金收讫"章。

（三）原始凭证的填制要求

原始凭证是具有法律效力的证明文件，是进行会计核算的重要依据。原始凭证的填制必须符合以下七项基本要求。

1. 记录真实

原始凭证上记录的经济业务必须与实际发生的情况相符，不得弄虚作假。原始凭证的填制日期、经济业务的内容和数字要真实，不得随意填写。

2. 内容完整

按规定格式和内容逐项填写齐全。其中，年、月、日要按照填制原始凭证的实际日期填写；名称要齐全，不能简化；品名或用途要填写明确，不能含糊不清；有关人员的签章必须齐全。

3. 手续完备

（1）自制的原始凭证，应有经办人、负责人、审核人、签领人的签名或盖章。

（2）从外单位取得的原始凭证，除某些特殊的外来原始凭证（如火车票等）外，必须盖有填制单位的公章或财务专用章，没有公章或财务专用章的原始凭证应视为无效凭证。

（3）从个人处取得的原始凭证，必须有填制人员的签名或签章。

（4）购买实物的原始凭证，必须有验收证明。

（5）支付款项的原始凭证，必须有收款单位和收款人的收款证明，付款人不能自己证明自己已付出款项。

（6）出纳人员在办理收款或付款业务后，应在凭证中加盖"收讫"或"付讫"的戳记，以避免重收重付。

4. 书写清楚、规范

原始凭证上的文字和数字要按规定书写，字迹要工整、清晰，易于辨认，不得使用未经国务院颁布的简化字。

【小提示】

　　小写金额书写时,前面应冠以币种符号,如人民币"￥"符号。"￥"是汉语拼音"Yuan"第一个字母的缩写变形,它代表人民币的币制,又表示人民币"元"的单位。

5. 连续编号

各种凭证要连续编号,以便考查。如果凭证已预先印定编号,如发票、支票等重要凭证,在需要作废时,应加盖"作废"戳记,妥善保管,不得撕毁。

6. 不得涂改、刮擦、挖补

原始凭证金额有误的,应当由原出具单位重开,不得在原始凭证上更正。原始凭证有其他错误的,应当由原出具单位重开或更正,更正处应当加盖出具单位印章。

7. 填制及时

原始凭证应在经济业务发生或完成时及时填制,并按规定的程序和手续传递给有关部门,以便及时办理后续业务,进行会计审核和记账。

【例3-2】 承引例中的业务二:2019年6月5日,华夏有限责任公司提取现金2 000元备用,出纳员王小红填制一张现金支票(如图3-9、图3-10),并到银行办理取现手续。

图3-9　现金支票正面填写示范

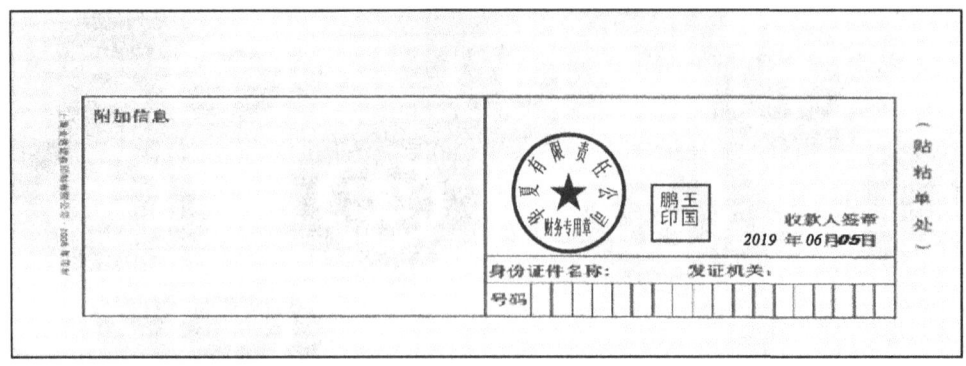

图3-10　现金支票背面填写示范

图示分析：

现金支票分为支票存根和正联两部分，支票存根部分是企业入账的依据，支票正联部分是到银行办理提取现金手续的凭证。

（1）支票存根部分的填制：出票日期（小写）、收款人、金额（人民币小写）、用途。

（2）支票正联部分的填制：出票日期（大写）、付款行名称和出票人账号、收款人、金额（人民币大写、小写）、用途、加盖出票单位预留银行签章。其中：①付款行名称和出票人账号：如“中国银行北京海淀支行”“4563510100888122489”一般在购买支票时，已经印好了。②出票单位预留银行签章，如“华夏有限责任公司财务专用章”及其“法定代表人个人名章”。提取现金的现金支票填写完毕，需在支票正联及背面加盖出票单位的预留银行签章。**单位“预留银行签章”**是单位存款人向开户银行预留凭以办理各项结算业务的签章样本，由“该单位的公章或财务专用章”及其“法定代表人或其授权的代理人的签名或盖章”组成。

相关案例 3-1

填制原始凭证

承引例中的业务四、业务五：华夏有限责任公司的出纳王小红签发转账支票的同时，填制进账单到银行办理转账手续。假设你是王小红，请填制原始凭证。如图 3-11、图 3-12 所示。

中国银行 转账支票存根 10401120 09110110
附加信息
出票日期 2019年 06月 18日
收款人：大成会计师事务所
金 额：￥5000.00
用 途：审计费
单位主管 李明丽 会计 王小红

中国银行 转账支票 10401120 09110110
出票日期（大写）贰零壹玖年 零陆月 壹拾捌日 付款行名称：中国银行北京海淀支行
收款人：大成会计师事务所 出票人账号：4563510100888122489
付款期限自出票之日起十天
人民币（大写）伍仟元整 ￥500000
用途 审计费 密码
上列款项请从 行号
我账户内支付
出票人签章 华夏有限责任公司 财务专用章 王国鹏印 复核 记账

图 3-11 转账支票填制示范

中国银行 进账单（回 单） 1

2019年 06月 18日

出票人	全 称	华夏有限责任公司	收款人	全 称	大成会计师事务所
	账 号	4563510100888122489		账 号	9558810026710675566
	开户银行	中国银行北京海淀支行		开户银行	中国工商银行北京朝阳支行
金额	人民币（大写）	伍仟元整		亿千百十万千百十元角分	￥500000
票据种类	转账支票	票据张数	1		
票据号码	09110110				
复核 记账				开户银行签章	

此联是开户银行交给持票人的回单

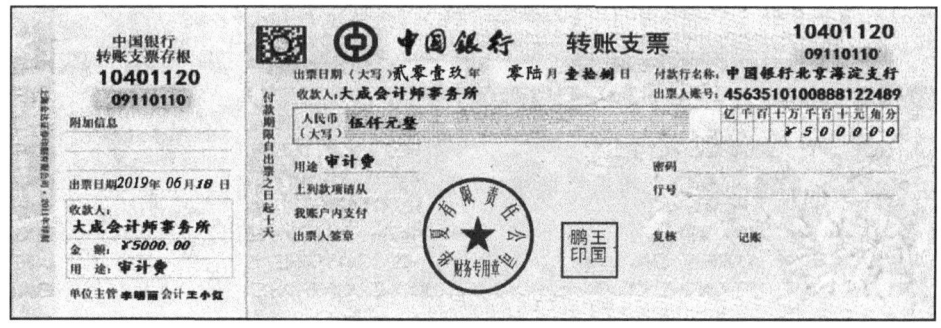

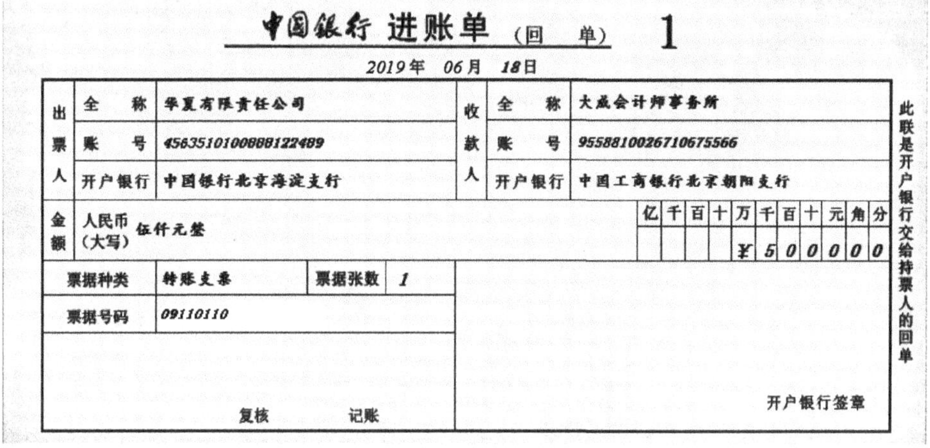

图 3-12 进账单填制示范

(四)原始凭证的审核

原始凭证所提供的数据,是会计账务处理的原始依据,只有经过审核无误后,才能在会计上予以确认。出纳人员在审核原始凭证时,应主要审核原始凭证的真实性、合法性、合理性、完整性和正确性。

1. 真实性审核

(1)审核经济业务双方当事单位和当事人是否是真实的。

(2)经济业务发生的时间、地点、填制凭证的日期是否是真实的。

(3)经济业务的数量、单价、金额是否是真实的。

2. 合法性审核

(1)审核记录的经济业务是否符合有关法律、法规的规定。

(2)若发现有违法违纪行为,要拒绝执行,并向有关部门与领导汇报。

3. 合理性审核

(1)原始凭证所记录的经济业务是否符合单位有关的计划和预算。

(2)审核所发生的经济业务是否符合厉行节约、有利于提高经济效益的原则。

4. 完整性审核

(1)审核双方经办人是否签字或签章,需要旁证的原始凭证,是否有相应的旁证。

(2)不需要入库的物品,发货票上是否有使用证明人的全名。

(3)需要另行登记的原始凭证,是否在登记以后再到会计部门报账。

(4)需经领导人签名批准的原始凭证,是否有相关领导人的亲笔签名。

5. 正确性审核

主要看原始凭证的填写是否符合要求,有无张冠李戴、计算错误、大小写不符的现象。

【例 3-3】 承引例中的业务三:2019 年 6 月 12 日,华夏公司办公室张瑶报销购买办公用品费用 2 000 元,出纳王小红审核费用报销单(如图 3-13、图 3-14 所示)后,以现金付讫。

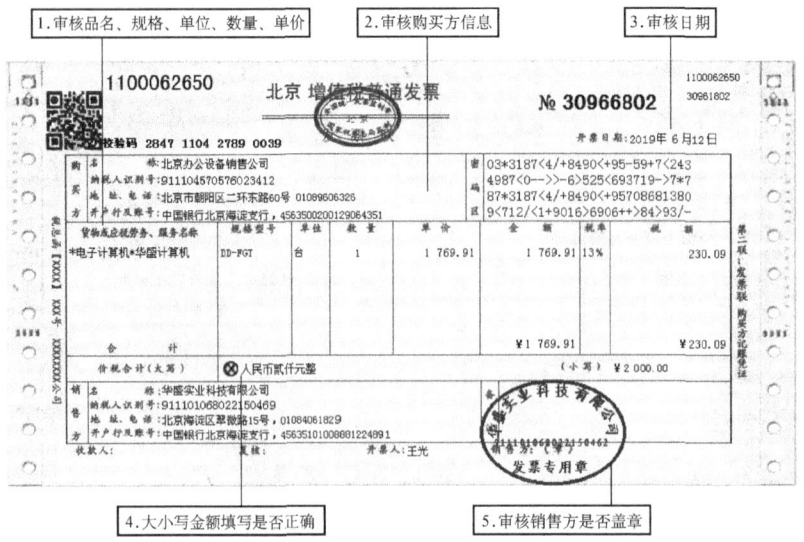

图 3-13　审核办公用品发票

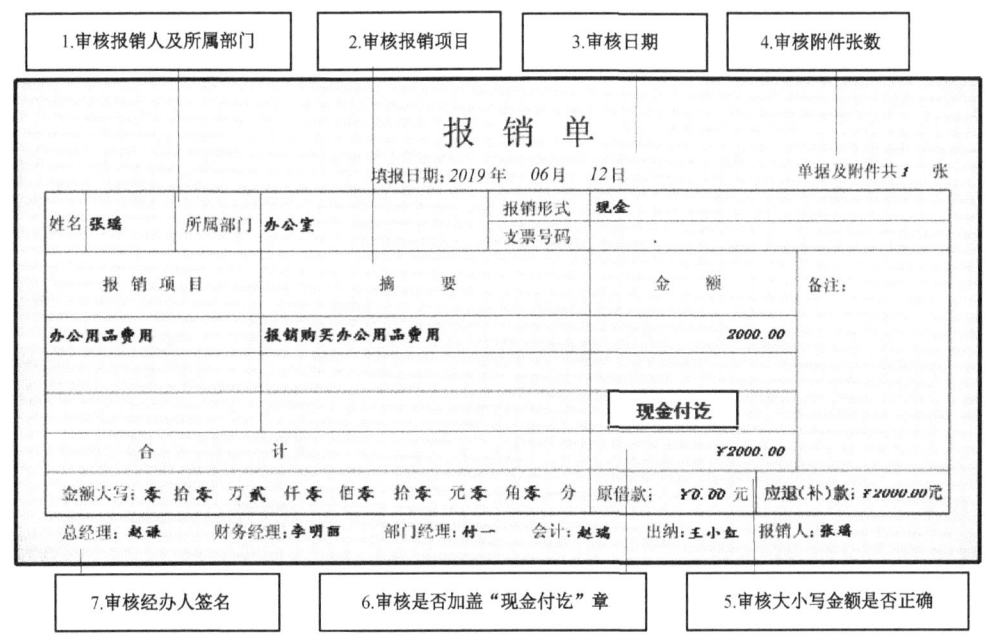

图 3-14 审核费用报销单

会计职业道德 3-1

坚持会计准则,提高服务质量

出纳王小红在审核办公室张瑶报销的发票时,发现其中一张加油发票没有盖发票专用章。常识告诉她,这张发票是不能通过审核的。

于是,王小红对张瑶说明了情况,请他找加油站补盖一下印章。谁知张瑶回答说:"咱公司的车队一直都是在这个加油站加油,就这一张发票没盖章,你就不能一块报销了,非得回去补盖章,怎么那么多事啊!"

王小红笑着对张瑶说:"您先别急!您可不知道,要是这张发票记了账,税务方面最高要罚款1万元哪!这可比司机交通违章的罚款多了。要是这样被罚款,您说咱冤不冤?"经王小红这么连哄带解释,张瑶说:"我的脾气急归急,但还是讲道理的人。你别往心里去,我这就去把章补盖上。"

当王小红发现了发票的问题后,既坚持了原则,又以良好的服务意识轻松诙谐地使张瑶接受了建议,从而避免了一次差错。可以想象,在这种情况下如果出纳的话语简单生硬,再加上面无表情,对于那位暴脾气的报销人来说,可能就会引发一场争执。

二、记账凭证的填制与审核

记账凭证是会计人员根据审核无误的原始凭证,按照经济业务的内容加以归类,并据以确定会计分录后所填制的会计凭证,它是登记账簿的直接依据。在实际工作中,会计分录是填写在专门的表单中的,这种表单就是记账凭证,即记账凭证是会计分录的载体。

(一)记账凭证的种类

记账凭证按照用途不同,可以分为专用记账凭证和通用记账凭证。

1. 专用记账凭证

专用记账凭证是指分类反映经济业务的记账凭证。按其反映的经济内容,可分为收款凭证、付款凭证和转账凭证。对于出纳而言,只涉及收款凭证和付款凭证,不涉及转账凭证。

收款凭证是指用于记录货币资金收款业务的记账凭证。它是根据有关货币资金收入业务的原始凭证填制的,是登记现金日记账、银行存款日记账以及有关明细账和总账等账簿的依据,也是出纳人员收讫款项的依据,如图 3-15 所示。

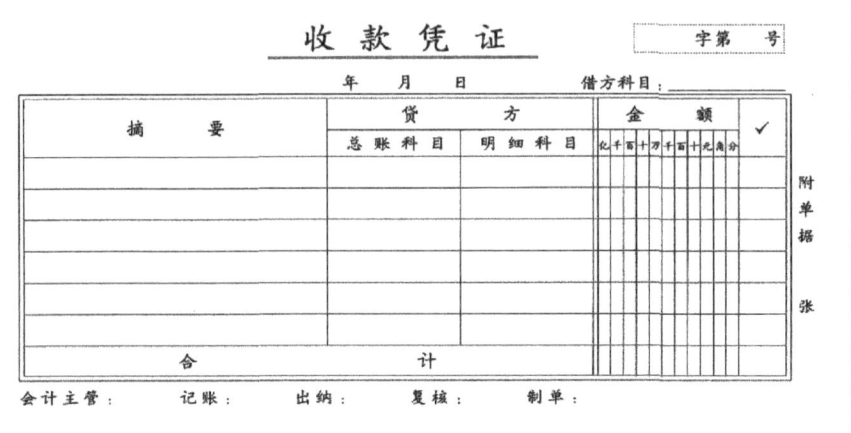

图 3-15　空白收款凭证

付款凭证是指用于记录货币资金付款业务的记账凭证。它是根据有关货币资金支付业务的原始凭证填制的,是登记现金日记账、银行存款日记账以及有关明细账和总账等账簿的依据,也是出纳人员收讫款项的依据,如图 3-16 所示。

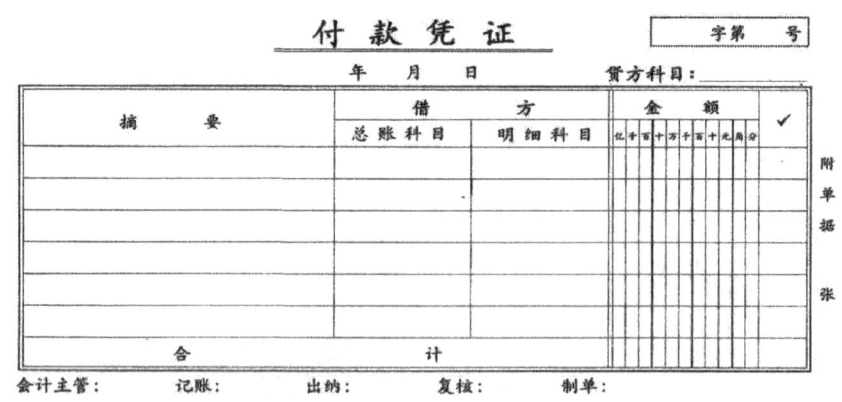

图 3-16　空白付款凭证

转账凭证是指用于记录不涉及货币资金业务的记账凭证,如图 3-17 所示。

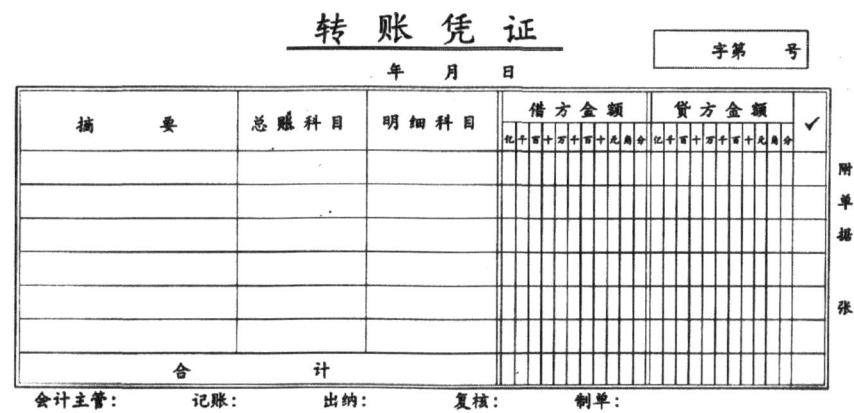

图 3-17 空白转账凭证

2. 通用记账凭证

通用记账凭证是指用来反映所有经济业务的记账凭证,为各类经济业务所共同使用。其格式与转账凭证基本相同,如图 3-18 所示。

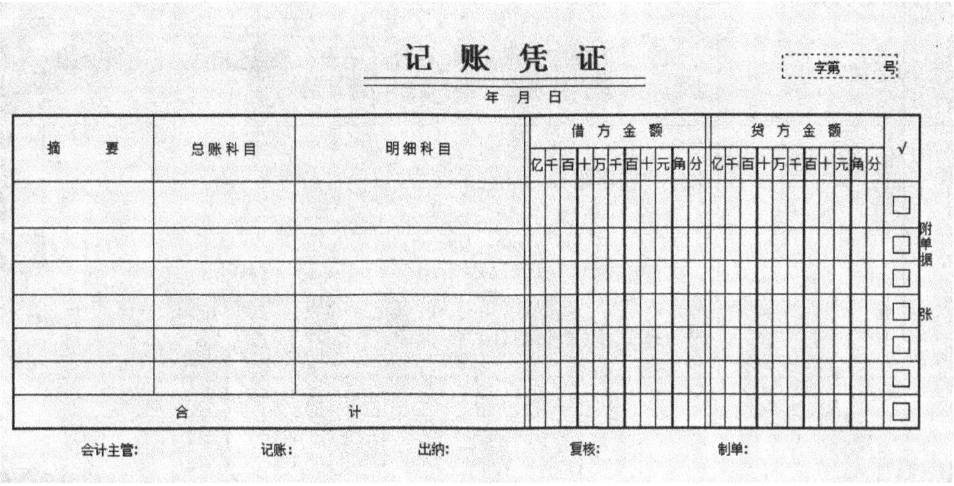

图 3-18 空白记账凭证

(二)记账凭证的基本内容及填制规范

在实际工作中,记账凭证的种类和格式不尽相同,但作为确定会计分录、登记账簿的依据,必须具备以下七项基本内容,如表 3-1 所示。

表 3-1　　　　　　　　　　　记账凭证的基本内容及填制规范

序号	基本内容	填 制 规 范
1	填制凭证的日期	一般应为编制记账凭证当天的日期。对于出纳业务而言,收款凭证和付款凭证按规定应在经济业务发生的当天及时填制,这样才能做到日清
2	凭证编号	(1) 记账凭证必须连续编号,以便查核。 (2) 采用通用记账凭证的,可按经济业务发生的先后顺序编号,每月从第1号编起,如"记1、记2、…",如果一项经济业务需要填制多张记账凭证的,可采用分数编号法。 (3) 如果采用专用记账凭证,可以按月分类编号,如"收1、收2、…""付1、付2、…""转1、转2、…";或"现收1、现收2、…""银收1、银收2、…""币收1、币收2、…""现付1、现付2、…""银付1、银付2、…""币付1、币付2、…""转1、转2、…"等
3	经济业务摘要	应简单明了地填写经济业务内容,文字说明要简练概括,同时,要突出说明经济事项的内容。填好摘要栏对于查阅凭证、登记账簿是十分必要的,是做好记账工作的一个重要方面
4	会计科目	会计科目的使用必须正确,应借应贷账户的对应关系必须清晰。编制复合分录时,不能多借多贷,只能一借多贷或多借一贷,防止账户对应关系不清。对于收款凭证,借方科目为"库存现金"或"银行存款"等;对于付款凭证,贷方科目为"库存现金"或"银行存款"等
5	金额	金额的登记方向必须正确、符合数字书写规范,角、分位不留空白,多余的金额栏应划斜线注销,同时要加计合计数
6	所附原始凭证张数	必须注明所附原始凭证的张数,以便日后查阅原始凭证
7	相关人员的签章	记账凭证填制完毕后,应由填制凭证人员、稽核人员、记账人员、会计机构负责人(会计主管人员)签章,收款和付款记账凭证还应当由出纳人员签名或者盖章,以便明确各自的责任

【小提示】
　　收款凭证和付款凭证可依据企业实际情况,由出纳人员或会计人员填制,但是必须经过会计人员复核;转账凭证一定要由会计人员填制。同时,制单和复核人员不能是同一人。

【例3-4】　承[例3-1],2019年6月5日,华夏有限责任公司收取友泰有限责任公司交来的出借包装物押金800元,出纳员王小红依据其填制的收款收据(图3-8)填制记账凭证,如图3-19所示(假定填制完毕后,已据以登记账簿,并由相关人员签名)。

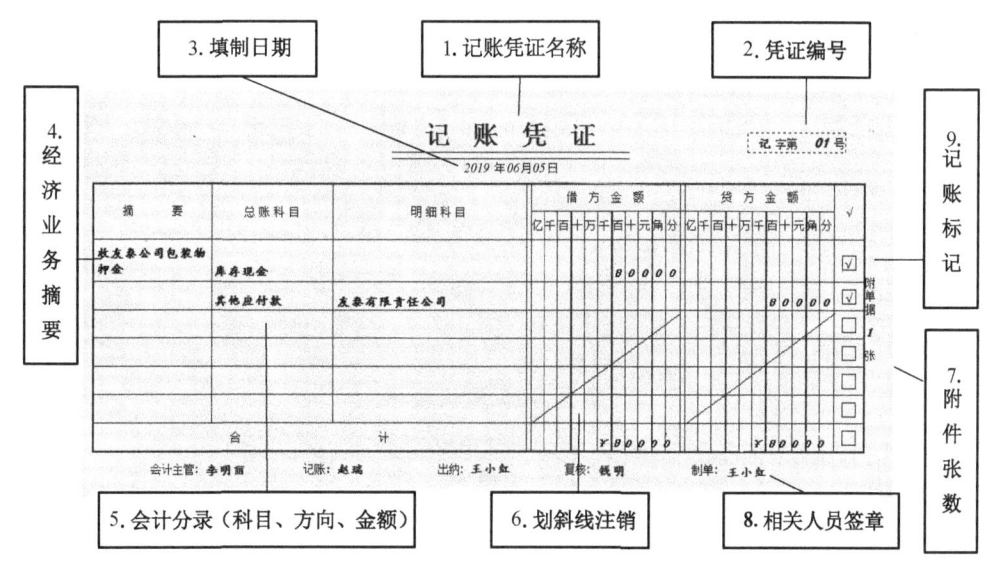

图 3-19 记账凭证第 01 号

(三) 记账凭证的审核

所有填制完毕的记账凭证,都必须由专人进行认真的审核。在审核记账凭证的过程中,如发现记账凭证有误,应按照规定的方法及时更正,只有审核无误的记账凭证,才能作为登记账簿的依据。

对记账凭证的审核,主要是对其合法性、完整性和技术性方面进行审核。记账凭证审核的内容主要包括:内容是否真实、项目是否齐全、科目是否正确、金额是否正确、书写是否规范、手续是否完备。

(1) 记账凭证是否附有原始凭证,记账凭证的经济内容是否与所附原始凭证的内容相同。

(2) 应借应贷的会计账户对应关系是否清晰、金额是否正确。

(3) 记账凭证中的项目是否填制完整,摘要是否清楚,有关人员的签章是否齐全。

【例 3-5】 承[例 3-2],2019 年 6 月 5 日,华夏有限责任公司提取现金 2 000 元备用,出纳员王小红依据其填制的现金支票存根(图 3-20)填制了记账凭证(图3-21),假定你是复核会计钱明,你能通过审核发现问题吗?

图示分析:

经审核,该张记账凭证存在以下三个方面的问题:

(1) 会计科目未反映明细科目,应在"银行存款"的明细科目栏中应注明"中国银行";

(2) 金额错误,金额应为 2 000 元;

(3) 制单人员、出纳人员未签名(其他签名尚未到传递步骤)。

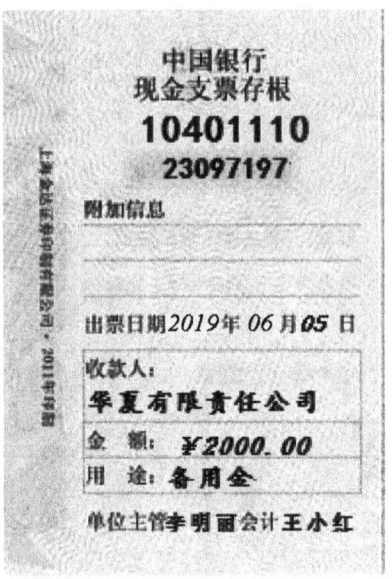

图 3-20 现金支票存根

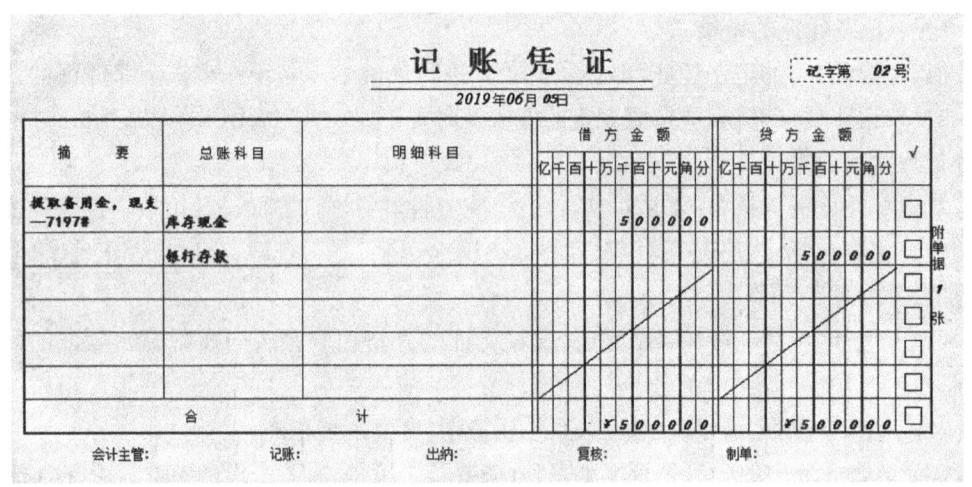

图 3-21 记账凭证填制错误示例

相关案例 3-2

填制记账凭证

承引例中的业务二至业务六,假设你是华夏有限责任公司的出纳员王小红,请填制相应记账凭证(如图 3-22 至图 3-25 所示)。

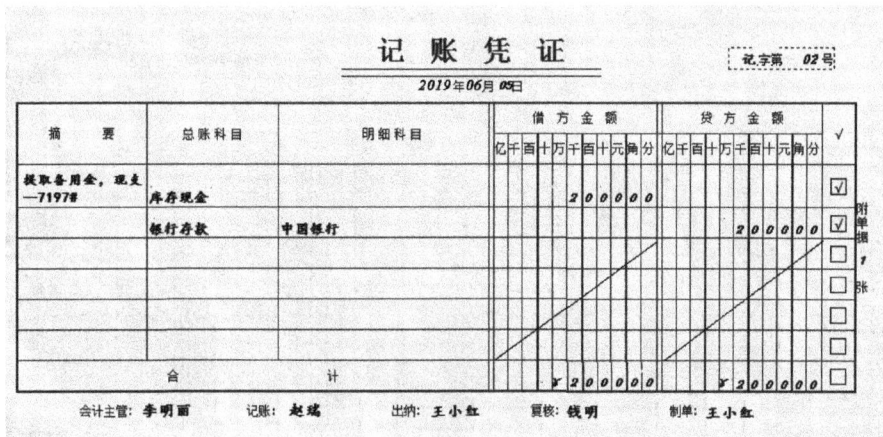

图 3-22　记账凭证第 02 号

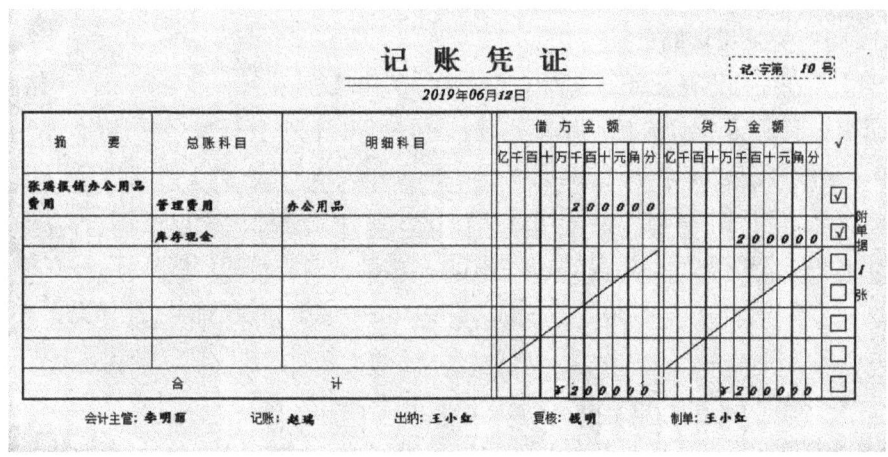

图 3-23　记账凭证第 10 号

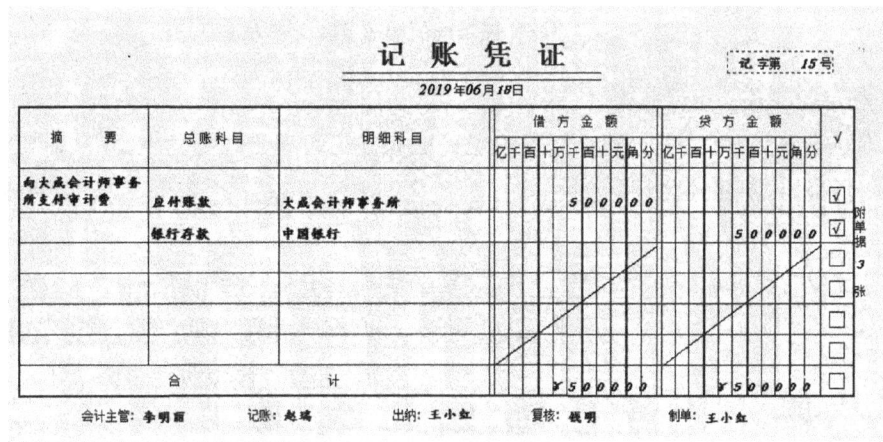

图 3-24　记账凭证第 15 号

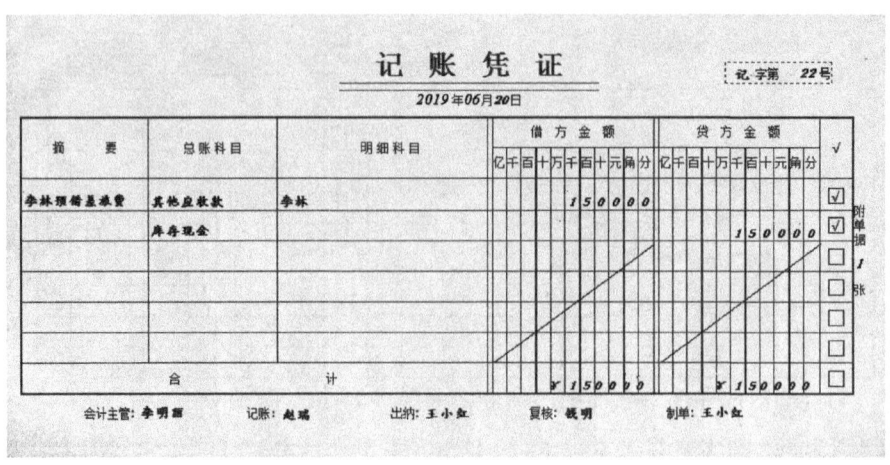

图 3-25　记账凭证第 22 号

（四）记账凭证错误的更正

出纳人员在编制记账凭证的过程中有时会因工作疏忽、业务不熟等原因发生错误,如会计账户借贷方向记反、会计科目使用不当、写错金额等。记账凭证发生错误后,如尚未登记账簿,应重新填制记账凭证,原错误记账凭证予以作废或撕毁;对于当年度已登记入账的错误记账凭证,应根据具体情况,采用红字更正法或补充登记法予以更正;若发现以前年度已登记入账的记账凭证有错误的,应当用蓝字填制一张更正的记账凭证,并在摘要栏注明"更正××××年×月×日第×号凭证"字样。记账凭证错误的情形及其更正方法如图 3-26 所示。

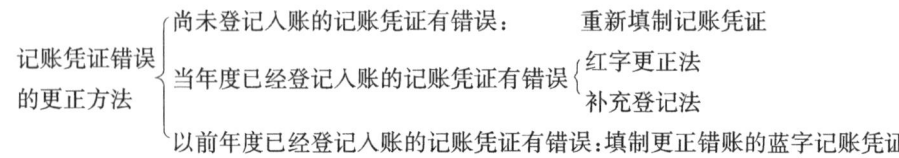

图 3-26　记账凭证错误的情形及其更正方法

1. 红字更正法

红字更正法又称红字冲销法,是指由于记账凭证错误而使账簿发生错误,而用红字冲销原记账凭证,以更正账簿记录的一种方法。这种方法可以分为全部冲销和部分冲销两种情况。

（1）记账后发现记账凭证中的应借、应贷会计科目有错误所引起的记账错误。更正的方法是:先填制一张与原错误记账凭证内容相同的红字记账凭证,并在摘要栏注明"冲销×月×日第×号凭证",并据以登账,以冲销原有错误记录;再用蓝字填制一张正确的记账凭证,在摘要栏注明"更正×月×日第×号凭证",并据以登账。

【例 3-6】 2019 年 6 月 5 日,华夏有限责任公司提取现金 2 000 元备用。假定出纳王小红在填制记账凭证时,会计账户借贷方向记反,其错误记账凭证所反映的会计分录是:

借：银行存款——中国银行　　　　　　　　　　　　　　　　　　2 000
　　贷：库存现金　　　　　　　　　　　　　　　　　　　　　　　　　2 000

在更正时，应用红字金额填制一张记账凭证冲销原会计分录，并据以登记入账，冲销原错误的账簿记录。

借：银行存款——中国银行　　　　　　　　　　　　　　　　　　2 000
　　贷：库存现金　　　　　　　　　　　　　　　　　　　　　　　　　2 000

然后再填制一张正确的蓝字记账凭证，并据以登记入账。

借：库存现金　　　　　　　　　　　　　　　　　　　　　　　　　2 000
　　贷：银行存款——中国银行　　　　　　　　　　　　　　　　　　2 000

（2）记账后发现记账凭证和账簿记录中应借、应贷会计科目无误，只是所记金额大于应记金额所引起的记账错误。更正的方法是：将多记的金额用红字填制一张应借、应贷会计科目与原错误记账凭证相同的记账凭证，在摘要栏注明"冲销×月×日第×号凭证多记金额"，并据以登记入账，以冲销多记金额。

【例3-7】 承［例3-6］，假定出纳王小红在填制记账凭证时，误记金额为20 000元，其错误记账凭证所反映的会计分录是：

借：库存现金　　　　　　　　　　　　　　　　　　　　　　　　　20 000
　　贷：银行存款——中国银行　　　　　　　　　　　　　　　　　　20 000

在更正时，应将多记金额18 000元用红字编制如下记账凭证，并据以登记入账，冲销原错误账簿记录中的多记金额。

借：库存现金　　　　　　　　　　　　　　　　　　　　　　　　　18 000
　　贷：银行存款——中国银行　　　　　　　　　　　　　　　　　　18 000

2. 补充登记法

记账后发现记账凭证和账簿记录中应借、应贷会计科目无误，只是所记金额小于应记金额时，采用补充登记法。更正的方法是：将少记的金额用蓝字填制一张应借、应贷会计科目与原错误记账凭证相同的记账凭证，在摘要栏注明"补记×月×日第×号凭证少记金额"，并据以登记入账，予以补充。

【例3-8】 承［例3-7］，假定出纳员王小红在填制记账凭证时，误记金额为200元，其错误记账凭证所反映的会计分录是：

借：库存现金　　　　　　　　　　　　　　　　　　　　　　　　　200
　　贷：银行存款——中国银行　　　　　　　　　　　　　　　　　　200

在更正时，应用蓝字编制如下记账凭证，并据以登记入账。

借：库存现金　　　　　　　　　　　　　　　　　　　　　　　　　1 800
　　贷：银行存款——中国银行　　　　　　　　　　　　　　　　　　1 800

第二节 账簿的设置与登记

出纳岗位的主要职责是办理现金、银行存款的收付业务，为了对现金和银行存款进行核算和监督，企业应建立现金、银行存款总账和日记账，分别进行总分类核算和序时核算。其中，现金、银行存款总账一般由总账会计负责，出纳人员负责日记账的设置与登记。

出纳日记账是出纳人员根据收款凭证和付款凭证，按照经济业务发生或完成的时间先后顺序逐日逐笔进行登记的账簿，是各单位会计账簿的重要组成部分。出纳日记账包括现金日记账和银行存款日记账两种。

一、出纳日记账的格式

日记账必须采用订本式账簿，账页格式一般有“三栏式”“多栏式”和“收付分页式”三种。在实际工作中，通常采用的是“三栏式”账页格式。

(一) 三栏式日记账

三栏式日记账设借方、贷方和余额三个金额栏目，一般将其分别称为收入、支出和结余三个基本栏目。三栏式日记账格式如图 3-27、图 3-28 所示。

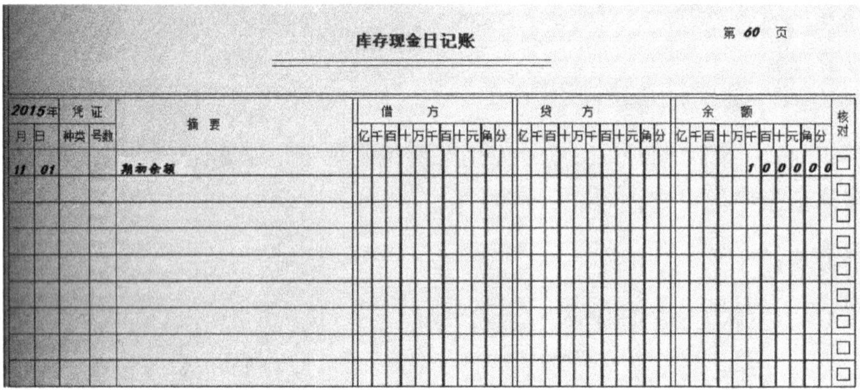
库存现金日记账
第 60 页

2015年 月	日	凭证 种类	号数	摘要	借方	贷方	余额	核对
11	01			期初余额			100000	

图 3-27 三栏式库存现金日记账

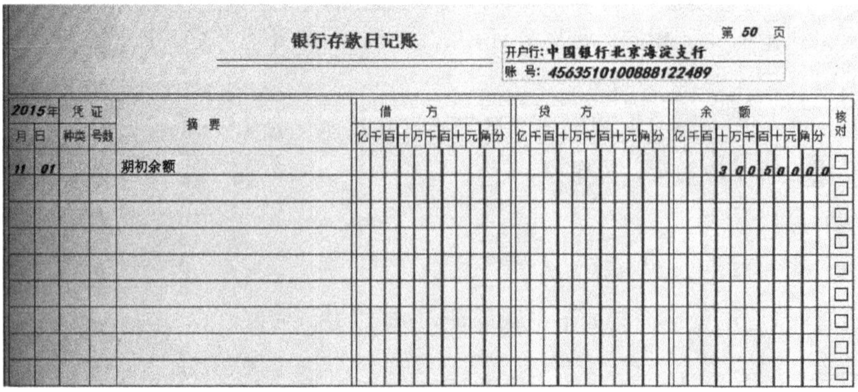
银行存款日记账
第 50 页
开户行：中国银行北京海淀支行
账号：456351010088122489

2015年 月	日	凭证 种类	号数	摘要	借方	贷方	余额	核对
11	01			期初余额			30050000	

图 3-28 三栏式银行存款日记账

（二）多栏式日记账

有的单位收付业务比较频繁、规模较大、财会人员较多，为了简化记账手续，可以采用多栏式日记账。多栏式日记账是在三栏式日记账基础上发展起来的，借方（收入）和贷方（支出）金额栏都按对方科目设专栏，也就是按收入的来源和支出的用途设专栏。在月末结账时，可以结出各收入来源专栏和支出用途专栏的合计数，便于对收支的合理性、合法性进行审核分析，便于检查财务收支计划的执行情况，其全月发生额还可以作为登记总账的依据。多栏式日记账格式如图 3-29 所示。

银行存款日记账 第 页

开户行：
账 号：

年		凭证字号	摘要	收入				借方合计	支出				贷方合计	余额
				对应账户（贷方）					对应账户（借方）					
月	日			应收账款	短期借款	主营业务收入	…		应付账款	原材料	管理费用	…		

图 3-29 多栏式银行存款日记账

（三）收付分页式日记账

若收付款凭证较多，对应科目也较多，采用多栏式日记账会使账页过长，不便于账簿的登记和保管。可分别设置收入日记账和支出日记账（如图 3-30、图 3-31 所示），即收付分页式日记账。

银行存款收入日记账 第 页

开户行：
账 号：

年		凭证字号	摘要	收入					收入合计	支出合计	余额
				对应账户（贷方）							
月	日			应收账款	短期借款	主营业务收入	…				

图 3-30 银行存款收入日记账

银行存款支出日记账 　　　　　　第　页

开户行：
账　号：

年		凭证字号	摘要	支出				收入合计	支出合计	余额
月	日			对应账户（借方）						
				应付账款	原材料	管理费用	…			

图 3-31　银行存款支出日记账

【小提示】
　　设置与启用新年度日记账的基本步骤为：登记日记账封面内容；填制日记账扉页内容（即账簿启用及交接表）；登记日记账的账页内容。

二、出纳日记账的启用

出纳人员启用现金日记账、银行存款日记账时，首先应在账簿封面上写明单位名称、账簿名称以及所属年份。然后，详细填列扉页的"账簿启用及交接表"（如图3-32所示），包括单位名称、账簿名称、账簿册数、账簿编号、账簿页数、启用日期等；由出纳人员在"账簿启用及交接表"的"经管人员"栏内签章，再交由会计机构负责人（会计主管人员）审核后签章，并加盖单位公章等；签章后由出纳人员在"账簿启用及交接表"的"印花税粘贴"栏内粘贴印花税票，并划线完税。

三、出纳日记账的登记

（一）出纳日记账的登记方法

日记账通常由出纳人员根据审核无误的收款凭证、付款凭证逐日逐笔顺序登记。其登记内容及方法如下。

1. 日期

"日期"栏中应填入据以登记账簿的记账凭证上的日期。不能填写原始凭证上记载的发生或完成经济业务的日期，也不是实际登记账簿的日期。

账簿启用及交接表

<table>
<tr><td>机构名称</td><td></td><td>印 鉴</td></tr>
<tr><td>账簿名称</td><td>（第 册）</td><td rowspan="4"></td></tr>
<tr><td>账簿编号</td><td></td></tr>
<tr><td>账簿页数</td><td>本账簿共计 页（本账簿页数 检点人盖章 ）</td></tr>
<tr><td>启用日期</td><td>公元 年 月 日</td></tr>
</table>

<table>
<tr><td rowspan="3">经管人员</td><td colspan="2">负责人</td><td colspan="2">主办会计</td><td colspan="2">复核</td><td colspan="2">记账</td></tr>
<tr><td>姓名</td><td>盖章</td><td>姓名</td><td>盖章</td><td>姓名</td><td>盖章</td><td>姓名</td><td>盖章</td></tr>
<tr><td></td><td></td><td></td><td></td><td></td><td></td><td></td><td></td></tr>
</table>

<table>
<tr><td rowspan="6">接交记录</td><td colspan="2">经管人员</td><td colspan="4">接管</td><td colspan="4">交出</td></tr>
<tr><td>职别</td><td>姓名</td><td>年</td><td>月</td><td>日</td><td>盖章</td><td>年</td><td>月</td><td>日</td><td>盖章</td></tr>
<tr><td></td><td></td><td></td><td></td><td></td><td></td><td></td><td></td><td></td><td></td></tr>
<tr><td></td><td></td><td></td><td></td><td></td><td></td><td></td><td></td><td></td><td></td></tr>
<tr><td></td><td></td><td></td><td></td><td></td><td></td><td></td><td></td><td></td><td></td></tr>
<tr><td></td><td></td><td></td><td></td><td></td><td></td><td></td><td></td><td></td><td></td></tr>
<tr><td>备注</td><td colspan="10"></td></tr>
</table>

图 3-32 账簿启用及交接表

2. 凭证字、号

“凭证字、号”栏中应填入据以登记账簿的记账凭证的类型及编号。如果单位采用通用记账凭证，根据记账凭证登记日记账时，填入“记×号”；如果单位采用专用记账凭证，根据收、付款凭证登记日记账时，填入“现收×号”“银收×号”“现付×号”或“银付×号”等。

3. 摘要

“摘要”栏中简要说明经济业务的内容，力求简明扼要。

4. 对应科目

登记收入的来源科目或支出的用途科目，其作用在于了解资金的来龙去脉。在填写对应科目时，应注意以下三点：

(1) 对应科目只填总账科目，不需填明细科目。

(2) 对应科目有多个时，应填入主要对应科目，而不能将一笔资金增减业务拆分成多个对应科目金额填入多行。

(3) 当对应科目有多个且不能从科目上划分出主次时，可在对应科目栏中填入其中金额较大的科目，并在其后加上“等”字。

5. 借方、贷方

“借方”栏、“贷方”栏应根据相关凭证中记录的账户借贷方向及金额记入。

6. 余额

"余额"栏应根据"本行余额=上行余额+本行借方－本行贷方"公式计算填入。

正常情况下库存现金、银行存款不允许出现贷方余额,因此日记账余额栏前未印有借贷方向,其余额方向默认为借方。若在登记日记账过程中,由于登账顺序等特殊原因出现了贷方余额,则在余额栏用红字登记,表示贷方余额。

(二) 错账更正

账簿记录应做到整洁,记账应力求正确,如果账簿记录发生错误,应按规定的方法进行更正。更正错账的方法有:划线更正法、红字更正法、补充登记法。其中,由于记账凭证错误而发生的账簿记录错误,应采用红字更正法或补充登记法予以更正;若在结账前发现账簿记录有文字或数字错误,而记账凭证没有错误,采用划线更正法。

相关案例3-3

登记现金日记账

承引例,假设你是华夏有限责任公司的出纳王小红,请依据业务一至业务六的记账凭证(如图3-19、图3-22至图3-25所示)登记出纳现金日记账,如图3-33所示。

库存现金日记账

第 60 页

2019年		凭证		摘要	借方									贷方									余额									核对
月	日	种类	号数		亿	千	百	十	万	千	百	十	元	角	分	亿	千	百	十	万	千	百	十	元	角	分	亿	千	百	十	万	千	百	十	元	角	分	
06	01			期初余额																												1	0	0	0	0	0	
	05	记	01	收友邦公司包装物押金						8	0	0	0	0																	1	8	0	0	0	0	
	05	记	02	提取备用金,现支-7197#					2	0	0	0	0	0																	3	8	0	0	0	0	
	12	记	10	张瑞报销办公用品费用																2	0	0	0	0	0							1	8	0	0	0	0	
	22	记	22	李林预借差旅费																1	5	0	0	0	0								3	0	0	0	0	
	30			本月合计					2	8	0	0	0	0						3	5	0	0	0	0								3	0	0	0	0	

图3-33 库存现金日记账登记示范

第三节 出纳报告单和备查账簿

一、出纳报告单

出纳人员在记账后,应根据现金日记账、银行存款日记账、有价证券明细账等核算资料,定期编制出纳报告单,报告本单位一定时期内库存现金、银行存款、有价证券的收支和结存情况,并据以与总账会计核对期末余额。

（一）出纳报告单的基本格式

出纳报告单属于单位内部报告，在形式上具有较大的灵活性，但其基本内容应当包括"上期结存""本期收入""本期支出"和"期末结存"等项目，其格式如图3-34所示。

出纳报告单

单位名称：　　　　　　　　年　月　日至　月　日

项　目	上期结存	本期收入	本期支出	期末结存	备注
库存现金					
银行存款					
有价证券					
合计					

主管：　　　　记账：　　　　出纳：　　　　复核：　　　　制单：

图3-34　出纳报告单

（二）出纳报告单的编制要求

1. 编制要及时

出纳报告单的报告期可与本单位总账汇总记账的周期相一致。如果本单位的总账为10天汇总一次，则出纳报告单为10天编制一次。

2. 账表内容必须一致

出纳报告单上的项目内容应当与出纳日记账、有关明细账和备查账簿内容相符，保证出纳信息的真实、完整、准确。

3. 项目填写符合要求

（1）上期结存数是指报告期前一期期末结存数，即本期报告期前一天的账面结存金额，也是上一期出纳报告单的"本期结存"数。

（2）本期收入按账面本期合计借方数字填列。

（3）本期支出按账面本期合计贷方数字填列。

（4）期末结存是指本期期末账面结存数字，期末结存＝上期结存＋本期收入－本期支出。

4. 报送范围和程序要确定

未经有关领导批准，不得随意泄露出纳报告单的内容。在接受税务等部门检查时，出纳人员不得隐瞒、篡改出纳报告单的内容。

二、备查账簿

备查账簿又称辅助登记簿或补充登记簿，是指对某些在序时账簿和分类账簿中未能记载或记载不全的经济业务进行补充登记的账簿。备查账簿的格式一般由各单位根据需要自行确定。

出纳人员应记录的备查账簿主要有：支票使用登记簿、应收票据登记簿、应付票据登记簿、委托收款（或托收承付）登记簿、收据登记簿等。

（一）支票使用登记簿

支票由指定的出纳人员专人签发。出纳人员根据领导批准的"支票领用单"，按照要求签发支票，并在"支票使用登记簿"（如图3-35所示）上加以登记。

各单位要设置支票使用登记簿，实行空白支票领用销号制度，要严格控制空白支票的签发，不准携带盖好印鉴的空白支票外出采购。支票使用登记簿一般应包括的内容有：领用日期、支票号码、收款人、领用人、金额、用途、批准人、销号等。领用人领用支票时，要在支票使用登记簿"领用人"栏里签章；领用人将支票的存根或未使用的支票交回时，应在支票签发登记簿上销号并注明销号日期。

现金支票/转账支票使用登记簿

日期	购入支票号码	使用支票号码	收款单位	领用人	金额	用途	备注

图3-35　支票使用登记簿

延伸阅读3-1

支票的绝对记载事项

《中华人民共和国票据法》第八十四条规定，支票必须记载下列事项：（一）表明"支票"的字样；（二）无条件支付的委托；（三）确定的金额；（四）付款人名称；（五）出票日期；（六）出票人签章。支票上未记载前款规定事项之一的，支票无效。

同时，第八十五条规定，支票上的金额可以由出票人授权补记，未补记前的支票，不得使用。第八十六条规定，支票上未记载收款人名称的，经出票人授权，可以补记。

（二）其他备查账簿

1. 应付票据登记簿

应付票据登记簿是指记录和反映商业汇票结算方式下购货（付款）单位承兑商业汇票，以及汇票到期日支付款项等情况的一种备查账簿。

商业汇票按承兑人不同，可分为银行承兑汇票和商业承兑汇票。其中，银行承兑汇票登记簿（如图3-36所示）的登记方法为："日期""申请人""收款人""汇票号码"等票据基本情况栏，根据商业汇票信息填列；"销账日期"等付款记录栏，根据银行转来的委托收款凭证付款通知联填列。

银行承兑汇票登记簿

日期	承兑协议编号	申请人		汇票号码	收款人		承兑人	金额	汇票到期日	经办人	销账日期	备注
		户名	账号		户名	账号						

图 3-36 银行承兑汇票登记簿

2. 应收票据登记簿

应收票据登记簿是指记录和反映商业汇票结算方式下销货(收款)单位收到商业汇票，以及汇票到期日收回货款等情况的一种备查账簿。

应收票据登记簿的登记内容及方法为："购货单位""合同号码"等栏，根据收到的商业汇票信息填列；"产品发出记录"栏，根据发货时间及发票填列；"收款、贴现、转让记录"栏，分别根据银行转来的委托收款凭证收款通知联、贴现凭证收款通知联和票据转让的时间、金额填列。

3. 委托收款(或托收承付)登记簿

委托收款(或托收承付)登记簿是指用以记录和反映委托收款(或托收承付)结算方式下销货单位办妥托收手续和收到货款等情况的一种备查账簿。委托收款(或托收承付)登记簿应反映"购货单位""发货日期""发票号码""代垫运费单号""委托收款(或托收承付)记录""收款记录"等信息。

本章小结

本章主要学习了：出纳原始凭证的种类、基本内容、填制要求及审核要点；出纳记账凭证的种类、基本内容、填制规范及记账凭证错误的更正方法；出纳日记账的格式、启用及登记方法；出纳报告单的格式与编制要求、备查账簿的设置与登记。

本章重要概念

会计凭证　原始凭证　自制原始凭证　外来原始凭证　记账凭证　通用记账凭证
专用记账凭证　红字更正法　出纳日记账　备查账簿

思考与练习

1. 简述出纳原始凭证的种类。
2. 简述记账凭证的内容。
3. 简述错账的情形及错账更正的方法。
4. 出纳报告单的编制要求有哪些?

推荐阅读资料

[1] 张竞存,赵瑞娟,陆丹丹. 出纳实务[M]. 北京:清华大学出版社,2015.
[2] 许秀萍,郑维. 出纳实务[M]. 2版. 北京:中国人民大学出版社,2019.
[3] 商兰芳,宣国萍. 出纳实务[M]. 北京:机械工业出版社,2014.
[4]《中华人民共和国票据法》(2004).

第四章　出纳现金业务

> ➢ 内容简介
> ➢ 学习目的和要求
> ➢ 引例
> ➢ 第一节　现金的管理
> ➢ 第二节　现金收入业务
> ➢ 第三节　现金支出业务
> ➢ 第四节　现金的清查
> ➢ 本章小结
> ➢ 本章重要概念
> ➢ 思考与练习
> ➢ 推荐阅读资料

内容简介

本章主要讲解了现金管理的基本规定和相关制度；现金收款业务的范围、办理原则、办理程序及相关的会计核算；现金支出业务的范围、办理原则、办理程序，备用金的管理，以及现金支出业务相关的会计核算；现金清查的含义、业务程序以及相关的会计核算。本章重点为现金收款业务、现金支出业务的办理程序。

学习目的和要求

通过本章学习，掌握出纳现金收入、支出、清查业务的办理程序，理解库存现金管理的原则和要求以及相关的会计核算，并了解出纳现金业务的重要性。

引例　现金溢缺的处理

王小红是华夏公司的出纳人员，在2019年7月8日和10日两天的现金业务结束后例行的现金清查中，分别发现现金短缺50元和现金溢余20元的情况。对此她经过反复思考也弄不明白原因。为了保全自己的面子，同时又考虑到两次账实不符的金额很小，她决定采取下列办法进行处理：现金短缺50元，自掏腰包补齐；现金溢余20元，暂时收起。

请问王小红的做法是否符合规定？企业应如何对现金进行管理？

第一节　现金的管理

现金的概念有广义和狭义之分。广义的现金包括库存现金、银行存款、其他货币资金和其他视同现金的有价证券、现金等价物等。狭义的现金仅指库存现金，即出纳人员保管的作为零星业务开支之用的库存现款，包括人民币现金和外币现金。

狭义的现金也是会计范畴的现金，是流动性最强的一种货币性资产。因此，加强库存现金的管理，建立健全现金保管制度，是各单位及出纳人员的重要职责。

一、现金管理的基本规定

(一) 现金库存限额的规定

现金的库存限额是指为了保证使用单位日常零星开支的需要,允许存放在单位的现金的最高数额。根据国务院颁发的《现金管理暂行条例》的规定,开户银行应当根据实际需要,核定开户单位3~5天的日常零星开支所需的库存现金限额。边远地区和交通不便地区的开户单位的库存现金限额,可以多于5天,但不得超过15天的日常零星开支。

经核定的库存现金限额,开户单位必须严格遵守。需要增加或者减少库存现金限额的,应当由单位向开户银行提出申请,由开户银行核定。

(二) 现金收支管理的规定

国务院颁发的《现金管理暂行条例》对开户单位现金收支业务作了如下规定:

(1) 开户单位现金收入应当于当日送存开户银行。当日送存确有困难的,由开户银行确定送存时间。

(2) 开户单位支付现金,可以从本单位库存现金限额中支付或者从开户银行提取,不得从本单位的现金收入中直接支付(即坐支)。因特殊情况需要坐支现金的,应当事先报经开户银行审查批准,由开户银行核定坐支范围和限额。坐支单位应当定期向开户银行报送坐支金额和使用情况。

【小提示】
"坐支"现金,是指出纳人员将本单位的现金收入直接用于现金支出的行为。

(3) 开户单位从开户银行提取现金,应当写明用途,由本单位财会部门负责人签字盖章,经开户银行审核后,予以支付现金。

(4) 因采购地点不固定,交通不便,生产或者市场急需,抢险救灾以及其他特殊情况必须使用现金的,开户单位应当向开户银行提出申请,由本单位财会部门负责人签字盖章,经开户银行审核后,予以支付现金。

(5) 对个体工商户、农村承包经营户发放的贷款,应当以转账方式支付。对确需在集市使用现金购买物资的,经开户银行审核后,可以在贷款金额内支付现金。

(6) 在开户银行开户的个体工商户、农村承包经营户异地采购所需货款,应当通过银行汇兑方式支付。因采购地点不固定,交通不便必须携带现金的,由开户银行根据实际需要,予以支付现金。

(三) 现金核算的规定

根据国务院颁发的《现金管理暂行条例》规定,开户单位应当建立健全现金账目,逐笔记载现金支付。账目应当日清月结,账款相符。

二、现金管理的相关制度

企业为保证生产经营活动的正常进行,必须拥有一定数额的现金,用以购买零星材料、支付手续费等,但过多地保留现金将降低单位资产的获利能力。因此,企业应加强对现金的管理,把现金结算和现金使用压缩在合理的范围之内。同时,企业应在严格遵守国家现金管理制度的基础上,建立健全本单位内部的现金管理制度。

现金管理制度一般包括钱账分管制度、现金开支审批制度、日清月结制度、现金保管制度、现金清查制度等内容。

(一) 钱账分管制度

钱账分管即管钱的不管账,管账的不管钱,以符合不相容职务相分离的要求。企业应配备出纳人员负责现金收付业务和现金保管业务,非出纳人员不得经管现金收付业务和现金保管业务。出纳人员在办理现金收付业务和现金保管的同时,登记现金日记账和编制现金日报表,由会计人员登记现金总账。同时,根据《会计法》的规定,出纳人员不得兼任稽核、会计档案保管和收入、支出、费用、债权、债务账目的登记工作。建立钱账分管的制度,可以使出纳人员和会计人员相互牵制、相互监督,从而减少错误和舞弊发生的可能性。

 延伸阅读 4-1

不 相 容 职 务

一般情况下,企业的经济业务活动通常可以划分为授权、签发、核准、执行和记录五个步骤。如果上述每一步都有相对独立的人员或部门分别实施或执行,就能够保证不相容职务的分离,从而便于内部控制作用的发挥。概括而言,在企业内部应加以分离的主要不相容职务有:

(1) 授权进行某项经济业务和执行该项业务的职务要分离,如有权决定或审批材料采购的人员不能同时兼任采购员职务;

(2) 执行某些经济业务和审核这些经济业务的职务要分离,如填写销货发票的人员不能兼任审核人员;

(3) 执行某项经济业务和记录该项业务的职务要分离,如销货人员不能同时兼任会计记账工作;

(4) 保管某些财产物资和对其进行记录的职务要分离,如会计部门的出纳员与记账员要分离,不能兼任;

(5) 保管某些财产物资和核对实存数与账存数的职务要分离;

(6) 记录明细账和记录总账的职务要分离;

(7) 登记日记账和登记总账的职务要分离。

(二) 现金开支审批制度

企业应按照《现金管理暂行条例》及其实施细则规定的现金开支范围,并根据本单位生产经营的实际情况,建立健全现金开支审批制度,以加强现金的日常管理。现金开支审批制度一般应包括以下内容:

(1) 明确本单位现金开支范围。企业应按照《现金管理暂行条例》的规定,确定本单位的现金开支范围,如用于支付职工困难补助、借支差旅费等对于个人的支付及结算起点以下的零星开支等。

(2) 制定各种报销凭证,规定报销手续和办法。企业应根据其经营规模和业务特点制定各种报销凭证,如工资单、借款单、付款单、差旅费用报销单等,并规定各种报销凭证的使用方法、范围以及传递流程。同时,企业应确定各种现金支出业务的报销管理办法。

(3) 确定各种现金支出的审批权限。企业应根据其经营规模、内部职责分工等,确定不同额度现金支出的审批权限。只有经过适当审核批准的付款凭证,出纳人员才能办理现金付款。

(三) 现金日清月结制度

日清月结是指出纳人员办理现金收支业务时,必须做到按日清理、按月结账。日清月结是出纳人员办理现金收支业务的基本原则和要求,也是避免出现现金溢余或短缺的重要措施。

1. 按日清理

按日清理是指出纳人员应对当日的经济业务进行清理,全部记入现金日记账,结出库存现金的账面余额,并与库存现金实地盘点数核对相符。按日清理包括以下内容:

(1) 清理各种现金收付款凭证。出纳人员应核对各种收付款凭证所填写的内容与所附原始凭证反映的内容是否一致;检查每张单证是否已经盖齐"现金收讫""现金付讫"的戳记。

(2) 登记和清理日记账。出纳人员应将当日发生的所有现金收付业务全部登记入账,并检查账证是否相符,即现金日记账所登记的内容、金额与收付款凭证的内容、金额是否一致。清理完毕后,结出现金日记账的当日余额。

(3) 现金盘点。出纳人员应按券别分别清点现金数量,然后进行加总,以得出当日现金的实存数,并将盘点得出的实存数和账面余额进行核对,检查两者是否相符。

(4) 检查库存现金是否超过规定的库存限额。如实际库存现金超过规定库存限额,出纳人员应将超出部分及时送存银行。

2. 按月结账

按月结账是指在月末结出本期现金日记账的发生额和期末余额,并与库存现金的实存数、现金收付款凭证及现金总账进行核对。

(1) 现金日记账与现金实存数核对。每月月底,出纳人员应将结账得出的现金日记账的期末余额与库存现金的实存数核对一致,如有溢余或短缺应及时查明原因并按相关规定进行处理。

(2) 现金日记账与现金收付款凭证核对。收、付款凭证是登记现金日记账的依据,因此现金日记账的记录内容应与相应的收、付款凭证完全一致。在月末核对时,出纳人员应核对现金日记账中凭证编号、经济业务内容、金额、方向是否与相关凭证一致。检查过程中如发现差错,出纳人员应按照规定的方法及时更正。

(3) 与现金总分类账的核对。现金日记账是根据收、付款凭证逐笔登记的,现金总分类账是根据收、付款凭证汇总登记的,两者的记账的依据是相同的,记录的结果应该完全一致。但由于现金日记账和现金总分类账是由不同人员分别记账的,可能存在不一致的情况。出纳人员应定期与总账会计进行账账核对,以保证会计记录的准确性。

（四）现金保管制度

企业应建立健全现金保管制度，防止由于制度不严、工作疏忽导致企业形成不必要的损失。现金保管制度一般应包括如下内容：

（1）超过库存限额以外的现金应在下班前送存银行。

（2）为加强对现金的管理，除工作时间需要的小量备用金可放在出纳员的抽屉内，其余则应放入出纳专用的保险柜内，不得随意存放。

（3）限额内的库存现金当日核对清楚后，一律放在保险柜内，不得放在办公桌内过夜。

（4）单位的库存现金不准以个人名义存入银行，以防止有关人员利用公款私存取得利息收入，也防止单位利用公款私存形成账外小金库。

（5）库存现金，包括纸币和铸币，纸币的票面金额和铸币的币面金额，以及整数（即大数）和零数（即小数）应分类保管。

纸币一定要打开铺平存放、并按照纸币的票面金额，以每一百张为一把，每十把一捆扎好。凡是成把、成捆的纸币即为整数（即大数），均应放在保险柜内保管，随用随取；凡不成把的纸币视为零数（或小数），也要按照票面金额，每十张为一扎，放在传票箱内或抽屉内，一定要存放整齐，秩序井然。

铸币也是按照币面金额，以每一百枚为一卷，每十卷为一捆，同样将成捆、成卷的铸币放在保险柜内保管，随用随取；不成卷的铸币，应按照不同币面金额，分别存放在特别的卡数器内。

（五）现金清查制度

在出纳人员自身对库存现金进行检查、清查的基础上，企业应建立库存现金清查制度，由有关领导和专业人员组成清查小组，定期或不定期地对库存现金情况进行清查盘点，这也是企业财产清查工作的重要组成部分。

现金清查多采用突击盘点方法，一般不预先通知出纳人员。盘点时间通常应安排在一天业务开始之前或一天业务结束之后，以避免干扰正常业务的进行。清查时，由出纳人员将截至清查时现金收付款项全部登记入账并结出账面余额，然后与实际盘点的现金结余额核对。清查人员在旁监督，并在清查完毕后填制"现金清查盘点报告表"，如有现金的溢余或短缺，应及时查明原因，并按规定上报有关部门或负责人进行处理。

会计职业道德 4-1

现金管理八不准

（1）不准用不符合财务制度的凭证顶替库存现金。

（2）不准单位之间互相借用现金。

（3）不准谎报用途套取现金。

（4）不准利用银行账户代其他单位和个人存入或支取现金。

（5）不准将单位收入的现金以个人名义存入。

（6）不准保留账外公款。

(7) 不准发行变相货币。

(8) 不准以任何票券代替人民币在市场上流通。

相关案例4-1

挪用资金罪

××建筑工程有限公司出纳人员姜某利用职务之便,采取公司现金不入账、虚列支出、重复报账等方式,先后6次挪用公司资金共计12万余元。近日,检察院以挪用资金罪对姜某提起公诉。检察机关认为,被告人姜某在担任出纳员期间,利用职务之便,挪用本单位资金归个人使用,数额较大且超过三个月未还,其行为已触犯我国刑法第二百七十二条第一款之规定,犯罪事实清楚,证据确实充分,应当以挪用资金罪追究其刑事责任,遂依法提起公诉。

根据《刑法》第二百七十二条的规定:"公司、企业或者其他单位的工作人员,利用职务上的便利,挪用本单位资金归个人使用或者借贷给他人,数额较大、超过三个月未还的,或者虽未超过三个月,但数额较大、进行营利活动的,或者进行非法活动的,处三年以下有期徒刑或者拘役;挪用本单位资金数额巨大的,或者数额较大不退还的,处三年以上十年以下有期徒刑。"

第二节 现金收入业务

一、现金收入业务的办理

(一) 现金收入的范围

现金收入业务是指各单位在其生产经营和非生产经营活动中取得现金的业务。企业现金收入的来源主要有两条渠道:一是从银行提取的现金;二是日常业务收入取得的现金。根据我国现金管理制度的有关规定,日常业务的现金收入范围有:

(1) 出售给国有单位、集体单位或私营单位的产品、材料及其他物资或提供劳务、业务咨询、信息等服务,不能通过转账办理结算手续的收入;

(2) 出售给个人的商品现金收入;

(3) 职工借用的备用金报销后退回的余款;

(4) 其他应收取的采用现金结算的款项。

(二) 现金收入业务的办理原则

1. 现金收入必须合法合理

各单位对现金收入的办理必须做到合法合理。从银行提取现金时,应在国家规定的使用范围和限额内签发现金支票,并注明用途,由本单位财务部门负责人签字和盖章,经开户银行审核后才能支取。在日常业务中收入现金时,必须符合国家制定的现金收入范围,各单位不得在出售商品和金额超过结算起点时,拒收银行结算凭证而收取现金,或按一定比例搭配收取现金。

2. 现金收入手续必须严格

出纳人员收入现金时应先办理收款,当面清点现金无误后,再给交款人开具收款收据,而不能先开收据后收款。

3. 现金收入要坚持一笔一清

现金收入时,出纳人员应清点完一笔,再清点另一笔,几笔收款不能一起办理,以免互相混淆或调换。出纳人员的收款过程应在同一时间内完成,不准收款后过一段时间再开收据;对已完成收款的收据应加盖"现金收讫"字样。

4. 现金收入要及时送存银行

根据《现金管理暂行条例》的规定,各单位收入现金后,都应及时送存银行,不准擅自从收入的现金中坐支。

(三) 现金收入业务的办理程序

1. 从银行提取现金的业务办理

(1) 签发现金支票。现金支票是由存款人签发,委托开户银行向收款人支付一定数额现金的票据,其格式及内容如图 4-1 所示。

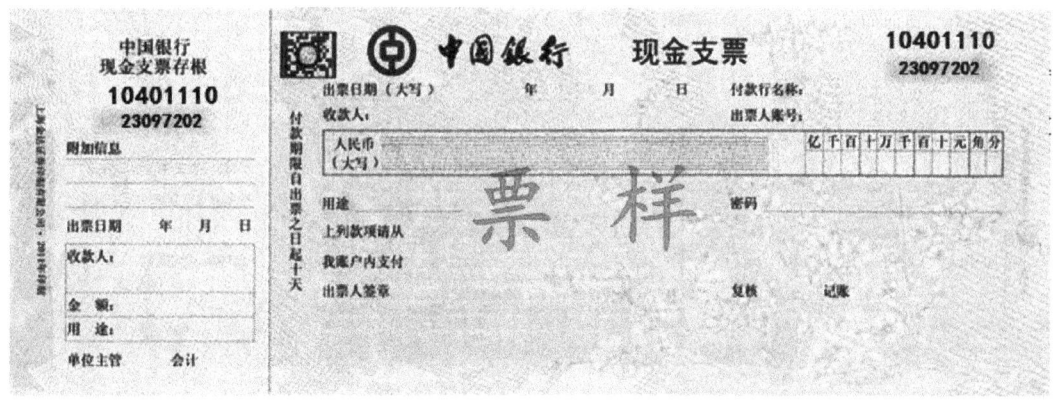

图 4-1 现金支票

(2) 向开户银行提交现金支票,并当场认真清点取款数额,确认无误后才能离开。

(3) 取回现金妥善保管,以备用。

【小提示】

《票据法》规定企业不得签发"空头支票"。空头支票是指出票人(或付款人)所签发支票(包括现金支票、转账支票和普通支票)的票面金额超过其付款时银行存款账户的余额,因而不能支付的支票。

【例 4-1】 2019 年 7 月 16 日,华夏有限责任公司签发现金支票一张,用于提取备用金 8 000 元,其支票的填制如图 4-2 所示。(华夏有限责任公司的开户银行为:中国银行北京海淀支行;账号为:4563510100888122489)

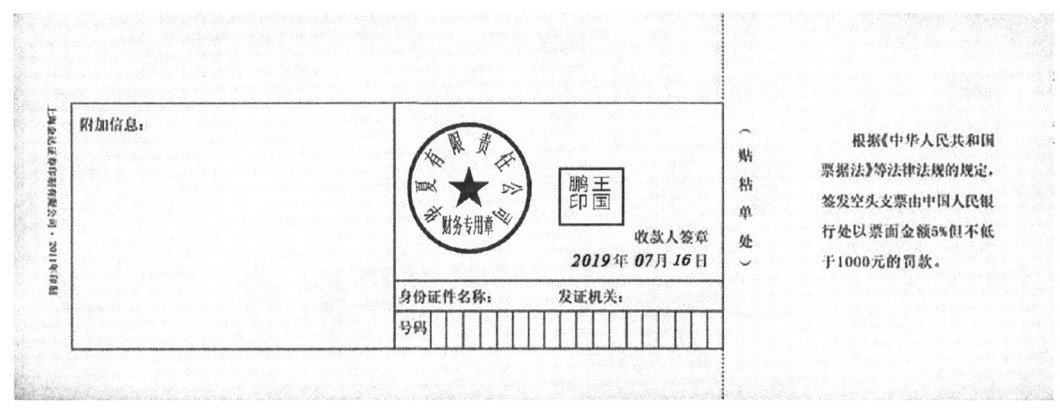

图 4-2 现金支票的填制

技巧提示 4-1

现金支票填写注意事项

（1）用黑色钢笔或用黑色碳素笔填写，字迹要清晰，不能涂改。

（2）现金支票正联的出票日期必须使用中文大写，支票存根部分出票日期可用阿拉伯数字书写。在填写大写月、日时应注意：月为壹、贰和壹拾的，日为壹至玖和壹拾、贰拾和叁拾的，应在其前加"零"；日为拾壹至拾玖的，应在其前加"壹"。例如，1月15日，应写成零壹月壹拾伍日；又如，10月20日，应写成零壹拾月零贰拾日。

（3）"收款人"应填写单位的全称并与预留银行印鉴中单位名称保持一致。

（4）现金支票正联的大写金额应紧接"人民币"书写，不得留有空白，以防加填；大小写金额要对应，要按规定书写。

（5）阿拉伯小写金额数字前面，均应填写人民币符号"￥"。阿拉伯小写金额数字要认真填写，不得连写，以免分辨不清。

（6）取款用途应如实填写，存根联与支票正联填写的用途应一致。

（7）在现金支票正、背面指定位置加盖已在银行预留印鉴的财务章及法人章。

（8）现金支票签发后，将支票从存根联与正联之间沿骑缝线剪开，正联交给收款人办理提现，存根联留下作为记账依据。

2. 向外单位或顾客直接收款的业务办理

(1) 受理收款业务,查看收款依据是否齐备。

(2) 审核现金收入来源是否合理合法。

(3) 当面清点现金,做到收付两清,一笔一清。

(4) 开具收款收据(收据的格式如图4-3所示),并加盖"现金收讫"戳记;

【小提示】
收据是由收款单位填制的作为单位内部使用的非正式票据。收据一般为一式三联:第一联为存根联,由开具单位留存;第二联为收据联,交付款人作为付款的凭证;第三联为记账联,交财会部门据以记账。

(5) 根据盖有"现金收讫"戳记的收款凭证编制记账凭证。

(6) 根据记账凭证登记现金日记账。

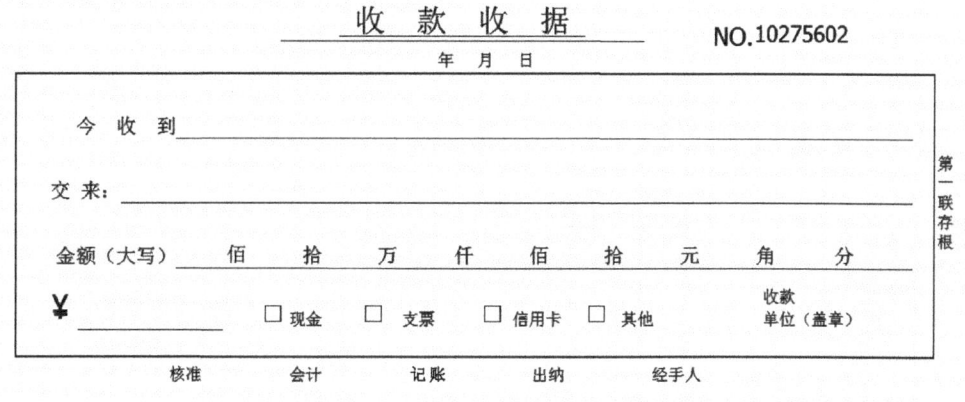

图4-3 收款收据

3. 收款员、营业员收款后的业务办理

在零售商店、门市部和旅游饮食服务业单位,由于收款业务比较频繁,一般都由营业员分散收款或由收款员集中收款后,每日再定时向出纳人员缴款。具体程序可参照出纳人员直接收款办理。

(四) 现金收款凭证的复核

现金收款凭证是出纳人员办理现金收入业务的依据。为确保收款凭证的合法、真实和准确,出纳人员在办理每笔现金收入前,都必须认真复核现金收款凭证的以下内容:

(1) 现金收款凭证的填写日期是否正确。现金收款凭证的填写日期应为编制收款凭证的当天,不得提前或推后。

(2) 现金收款凭证的编号是否正确,有无重号、漏号或不按日期编号等情况。

(3) 现金收款凭证记录的内容是否真实、合法、准确,其"摘要"栏的内容与原始凭证反映的经济业务内容是否相符。

(4) 使用的会计科目是否正确。

(5) 现金收款凭证的金额与原始凭证的金额是否一致,原始凭证的大小写金额是否相同,有无印章。

(6) 现金收款凭证"附单据"栏的张数与所附原始凭证张数是否相符。

(7) 现金收款凭证的"出纳""制单""复核""财务主管"栏是否签名或盖章。

二、现金送存业务的办理

各单位必须按开户银行核定的限额保管、使用现金,收取的现金和超出限额的现金应及时送存银行。

(一) 现金送存业务的办理程序

(1) 整点票币。送款前应将送存款项清点整理,按币别、币种分开。纸币要平铺整齐,每一百张为一把,每十把为一捆,用纸条在腰中捆扎好,剩余为零头;硬币每一百枚或五十枚为一卷,十卷为一捆,不足一卷为零头;最后合计出需要存款的金额。

(2) 填写现金缴款单(也称现金解款单,其格式如图 4-4 所示)。根据整点好的存款金额填写现金缴款单,各种币别的金额合计数应与拟存款金额相一致。

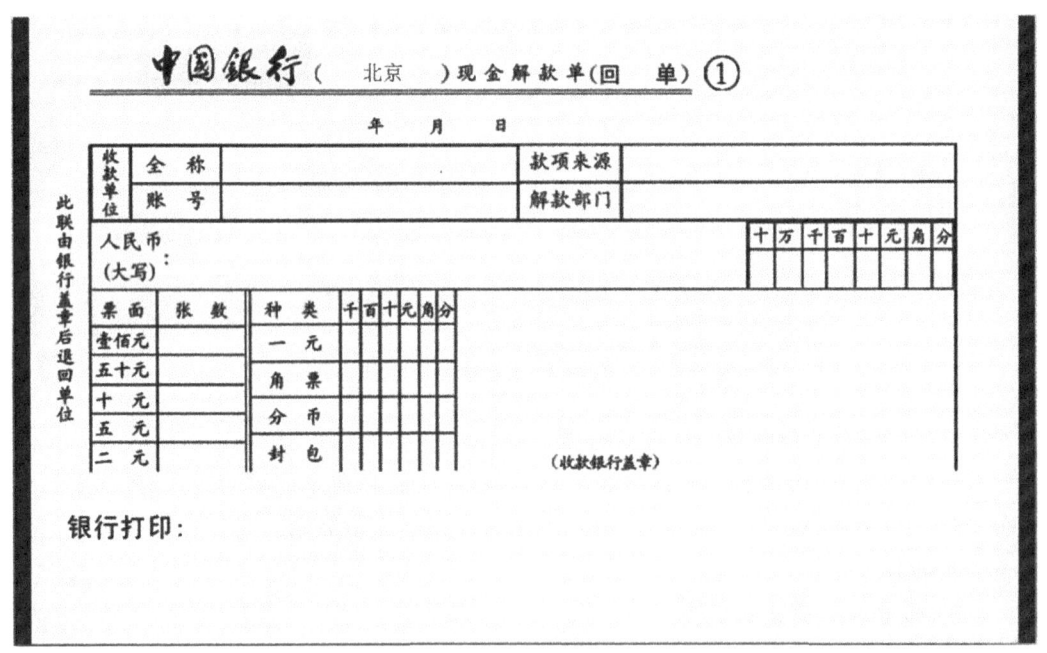

图 4-4 现金缴款单

(3) 向银行提交现金缴款单和整点好的票币。票币要一次性交清,当面清点,如有差异,应当面复核。

(4) 开户银行受理后,在现金缴款单上加盖"现金收讫"戳记和银行印鉴后退回交款人一联,表示款项已收妥。

(5) 根据银行退回盖有"现金收讫"戳记和银行印鉴的一联现金缴款单,编制记账凭证。

(6) 根据记账凭证登记现金日记账。

(二) 现金缴款单的填制

现金缴款单又称"现金解款单",是单位出纳人员去银行交存现金时填写的凭证。现金缴款单为一式三联或一式二联。现金缴款单三联单的内容包括:第一联为回单,由银行盖章后退回存款单位;第二联为收入凭证,由收款人开户银行加盖相关印章作为银行的记账凭证;第三联为附联,是银行出纳留底联。

出纳人员在填写现金缴款单时,应注意以下几点:

(1) 交款日期必须填写交款的当日。

(2) 收款人名称应填写全称。

(3) 款项来源要如实填写。

(4) 大小写金额的书写要标准。

(5) 解款张数按实际送款时各种币别的张数分别填写。

【例 4-2】 2019 年 7 月 15 日,华夏有限责任公司出纳将当天的销售款 4 330 元送存开户银行,其现金缴款单的填制如图 4-5 所示。(华夏有限责任公司的银行账号为:4563510100888122489;解缴款项中百元券 28 张,50 元券 10 张,10 元券 100 张,5 元券 6 张)

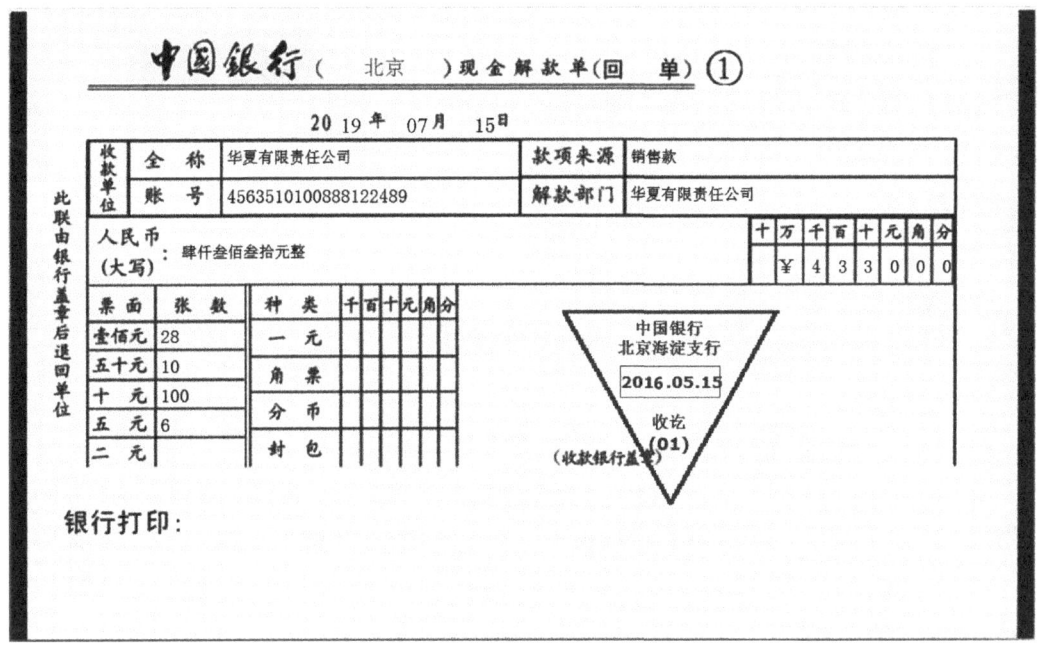

图 4-5 现金缴款单的填制

? 技巧提示 4-2

送存现金时的注意事项

(1) 交款人最好是现金整理人,这样可以避免发生差错时难以明确责任。

(2) 凡经整理好准备送存银行的现金,在填好现金缴款单后,一般不宜再调换票面,如确需调换的,应重新复点,同时重新填写现金缴款单。

(3) 送存途中必须注意安全。当送存金额为较大的款项时,最好使用专车,并派人护送。

(4) 临柜交款时,交款人必须与银行柜台收款员当面交接清点,做到一次交清,不得边清点边交款。

(5) 交款人交款时,如遇到办理业务人员较多,应按次序等候。等候过程中,应做到钞票不离手,以防发生意外。

三、现金收入、送存业务的核算

(一) 现金收入业务的核算

现金收入业务包括销售商品、提供劳务而取得现金的业务,提供非经营性服务取得收入的业务以及取得其他罚没收入的业务等。不同的单位在收到现金时,所编制的记账凭证上借方科目同为"库存现金",而贷方科目则根据现金收入业务的性质及会计制度规定来确定。

1. 提取现金业务

企业发生提取现金业务时应编制的会计分录为:

借:库存现金
　　贷:银行存款

【例 4-3】 承[例 4-1],华夏有限责任公司签发现金支票一张,提取备用金 8 000 元,则会计分录为:

借:库存现金　　　　　　　　　　　　　　　　　　　　　　　　　8 000
　　贷:银行存款　　　　　　　　　　　　　　　　　　　　　　　　　8 000

2. 现金收入

企业发生经营业务收入时应编制的会计分录为:

借:库存现金
　　贷:主营业务收入(或其他业务收入等有关科目)

【例 4-4】 2019 年 7 月 10 日,华夏有限责任公司向个人销售产品收取现金 1 130 元,其中取得收入 1 000 元,同时根据税法规定取得增值税销项税额 130 元,则会计分录为:

借:库存现金　　　　　　　　　　　　　　　　　　　　　　　　　1 130
　　贷:主营业务收入　　　　　　　　　　　　　　　　　　　　　　　1 000
　　　　应交税费——应交增值税(销项税额)　　　　　　　　　　　　　130

(二) 现金送存业务的核算

企业发生现金送存业务时应编制的会计分录为:

借：银行存款
　　贷：库存现金

【例 4-5】 承[例 4-2]，华夏有限责任公司出纳填制现金缴款单，将当天的销售款 4 330 元送存开户银行，则会计分录为：

借：银行存款　　　　　　　　　　　　　　　　　　　　　　　　　　　4 330
　　贷：库存现金　　　　　　　　　　　　　　　　　　　　　　　　　　4 330

第三节　现金支出业务

一、现金支出业务的办理

现金支出业务是指各单位在其生产经营过程和非生产经营过程中向外支付现金的业务。现金支出时，一定要有合法有效的支出凭证和严格的审批手续，以防止错误和舞弊的发生。

(一) 现金支出的范围

根据国务院颁发的《现金管理暂行条例》的规定，企业可以在下列范围内使用现金：

(1) 职工工资、津贴。
(2) 个人劳务报酬。
(3) 根据国家规定颁发给个人的科学技术、文化艺术、体育等各种奖金。
(4) 各种劳保、福利费用以及国家规定的对个人的其他支出。
(5) 向个人收购农副产品和其他物资的价款。
(6) 出差人员必须随身携带的差旅费。
(7) 结算起点(1 000 元)以下的零星支出。
(8) 中国人民银行确定需要支付现金的其他支出。

【小提示】
　　超过结算起点的各项支出，不得使用现金结算。

(二) 现金支出业务的办理原则

出纳人员必须以严肃谨慎的态度处理现金支出业务，因为一旦发生失误，将会造成不可追补的经济损失。现金支付时要遵循以下几个原则：

(1) 现金支出内容的合法性。出纳人员必须以内容真实、准确、合法的付款凭证为依据，在付款前其付款手续必须完备，有关领导已经签字或已审核无误。
(2) 现金支出手续的完备性。出纳人员应按规定的程序审核并办理现金支付手续，做到支付凭证合法、审批手续齐全有效、支付事项当面结清、账务处理正确合理。
(3) 不得套取现金用于支付。

延伸阅读 4-2

什么是套取现金?

套取现金是指逃避现金审查,采用不正当手段支取现金的违法行为。主要有以下几种表现:

(1) 编造合理用途或以支取差旅费、备用金的名义支取现金。

(2) 利用私人或其他单位的账户支取现金。

(3) 将公款转存个人储蓄账户支取现金。

(4) 用转账方式通过银行、邮局汇兑,在异地支取现金。

(5) 用转账凭证换取现金。

(6) 虚报、冒领工资、奖金和津贴补助。

(三) 现金支出业务办理的程序

出纳人员在办理现金支出业务时,应认真复核相关凭证,并按规定程序办理支出事宜。现金支出业务的办理程序如下:

(1) 受理付款业务。出纳人员在取得付款依据后,应按规定进行审核。对于出纳人员直接经办的业务,如现金汇款等,还需要填制原始凭证并补齐手续。

(2) 确定支付金额。出纳人员对于定期以及不定期大额现金支出,都应当做到心中有数,提前准备好充足的现金用以支付;每天工作开始时应检查现金余额,不足部分应及时从开户银行提取;对于确实不足以全额支付的业务,应约好时间一次性支付,不得分次支付,避免责任不清、程序错乱。

(3) 根据审核无误的单据支付现金。根据审核无误的原始单据办理现金支付时,出纳人员应进行复点,并要求收款人当面点清当面确认。如果是由收款人直接领取现金的,由其本人签收;如果是他人代为领款的,应在得到当事人的确认后,方可由代领人签收,以明确双方责任。

(4) 付款完毕后,在审核无误的原始凭证上加盖"现金付讫"印章,据以编制记账凭证。

(5) 根据审核的记账凭证登记现金日记账。

(四) 现金付款凭证的复核

现金付款凭证是出纳人员办理现金支付业务的依据,出纳人员应对其进行认真、细致的复核,其复核方法及基本要求与现金收款凭证相同。出纳人员在复核现金付款凭证时,应注意以下几点:

(1) 对于涉及库存现金和银行存款之间的收付业务,只填制付款凭证,不填制收款凭证。例如,将当日营业款送存银行,制单人员根据现金缴款单(回单)编制现金付款凭证,借方账户为"银行存款",贷方账户为"库存现金",不再编制银行收款凭证。

(2) 发生销货退回时,如数量较少,且退款金额在转账起点以下,需用现金退款时,必须取得对方的收款收据,不得以发货发票代替收据编制付款凭证。

(3) 从外单位取得的原始凭证如果遗失,应取得原签发单位盖有相关印章的证明,并注明原始凭证的名称、金额、经济内容等,经单位负责人批准,方可代替原始凭证。

二、备用金的管理

备用金是指单位财会部门按照内部规定,拨付给其所属单位、部门或个人周转使用的现金。备用金是单位现金管理的特殊形式,其现金不由出纳人员保管和收支,而由各部门人员在规定的额度范围使用,以便其开展业务,提高工作效率。按照有关会计制度的规定,备用金应当通过"其他应收款"科目进行核算。出纳人员应当了解本单位的备用金保管和使用情况,按照规定办理预借和报销手续,保证备用金的安全与完整。

(一) 定额备用金和非定额备用金

备用金的管理可以实行定额管理和非定额管理两种方式。

(1) 定额备用金是指单位经常使用备用金的内部各部门或工作人员用作零星开支、零星采购、售货找零或差旅费等的现金。建立定额备用金需要预先核定一个现金数额,并保证其经常维持在核定数额的水平。

(2) 非定额备用金是指单位对非经常使用现金的内部各部门或工作人员,根据每次业务所需现金的数额填制借款凭证,向出纳人员预借的现金。非定额备用金使用后,凭发票等原始凭证一次性到财务部门报销,多退少补,一次结清,下次再用时重新办理借款手续。

(二) 定额备用金的管理

(1) 单位内部各部门或工作人员因工作需要建立定额备用金时,应填制"借款单"(如图4-6所示),依照授权范围报有关领导批准,定额备用金保管人员签字交给出纳人员,经会计或稽核人员审核后由出纳人员支付现金。

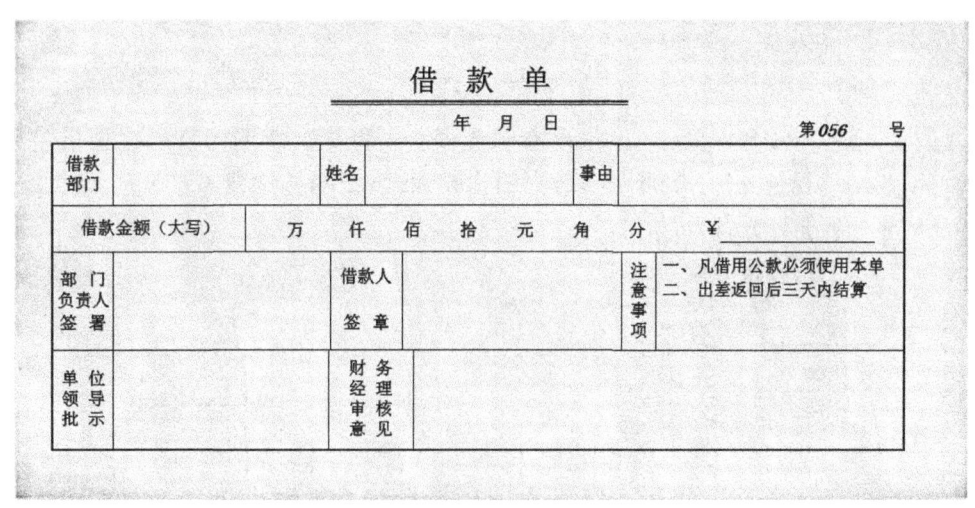

图4-6 借款单

(2) 定额备用金的使用范围,应当符合国家关于现金支出的有关规定。

(3) 定额备用金使用后,保管人员应及时或定期持取得的发票,到财务部门进行报销,以补足定额备用金。

(4) 定额备用金应在银行建立个人储蓄账户,或存放在保险柜中。

(5) 定额备用金应做到按月清查。

三、现金支出业务的核算

现金支出业务包括各单位因购买货物、接受劳务而支付现金的业务,发放工资业务,费用报销业务,以及向有关部门支付备用金的业务等。出纳人员应审核现金支出是否符合相关规定,是否经相关领导批准等,认真做好现金付款业务。这些业务在会计处理时,贷方科目均为"库存现金",借方根据实际情况记入有关科目。

(一) 差旅费的预借和报销

1. 差旅费的预借

单位工作人员因出差需借支差旅费时,应首先到财会部门领取并填写借款单,按照借款单所列内容填写完整,然后送所在部门的领导和有关人员审查签字。财务部门根据借款单审核并付款,其会计分录为:

借:其他应收款——差旅费(××个人)
  贷:库存现金

2. 差旅费的报销

出差人员回到单位后报销时应填写费用报销单,由相关领导审查签字后,由财务部门有关人员对差旅费进行结算,多退少补,未预借的,则根据批准报销金额支付现金,其会计分录为:

借:管理费用(等有关科目)
  贷:其他应收款——差旅费(××个人)
   (借或贷)库存现金

【例4-6】 2019年7月5日,华夏有限责任公司办事员李明因公出差预借差旅费5 000元,出纳以现金支付。7月15日,李明出差返回,报销差旅费4 650元,余款交回。上述经济业务的会计分录为:

(1) 7月5日,预借差旅费时:

借:其他应收款——差旅费(李明)   5 000
  贷:库存现金   5 000

(2) 7月15日,报销差旅费时:

借:管理费用   4 650
  库存现金   350
  贷:其他应收款——差旅费(李明)   5 000

(二) 备用金的预借和报销

1. 备用金的领用

单位内部各部门或工作人员因零星开支、零星采购等需要领用备用金,一般应由经办

人填写借款单,经相关领导签字后,由财务部门审核并付款,其会计分录为:

借:其他应收款——备用金
　　贷:库存现金

2. 备用金的报销

非定额备用金的核算基本与上述差旅费的核算方式一致,实行多退少补,一次结清。实行定额备用金的核算的单位,在经办人员一次性领出全部定额现金后,凭发票等有关凭证报销,出纳员将报销金额补充原定额,从而保证该部门或工作人员经常保持核定的现金定额,其报销时的会计分录为:

借:管理费用(等有关科目)
　　贷:库存现金

(三)其他现金支出

企业发生其他现金支出业务时,贷方均为"库存现金",借方根据实际经济业务内容记入有关科目,其会计分录为:

借:管理费用(等有关科目)
　　贷:库存现金

第四节　现金的清查

一、现金清查的内容

(一)现金清查的含义

现金清查主要是指通过对库存现金的盘点确定其实存数,并与现金日记账的账面余额进行核对,以查明现金是否存在短缺或溢余的方法。现金清查的目的是能及时地发现现金的长款与短款,防止贪污、盗窃、挪用公款等不法行为的发生,确保库存现金的安全与完整。现金清查一般包括两种情况:

(1)出纳人员对库存现金的清查。出纳人员每日营业结束时应自行对现金进行常规性的清查,清点库存现金实有数,并与现金日记账余额进行核对。

(2)清查小组对库存现金的清查。除了出纳人员自身对库存现金进行清查外,企业应指定专业人员设立清查小组,定期或不定期地对库存现金进行清查盘点,以加强对出纳工作的监督管理。清查小组一般采用突击盘点的清查方式,即不预先通知出纳人员,以防其预先做手脚。盘点时间一般是在当天业务开始前或当天业务结束后,以免干扰出纳业务的正常进行。清查时,出纳人员应始终在场,并积极配合清查人员的工作。

(二)现金清查业务的程序

现金清查的重点是确定账款是否相符并检查是否存在挪用现金、白条抵库、私借公款、保存账外资金等情况。一般由清查小组组织的现金清查业务流程如下:

（1）结出现金余额。在清查前,由出纳人员将现金收、付凭证全部登记入账,并结出库存现金余额。

（2）盘点库存现金。当清查小组对现金进行清查盘点时,出纳人员必须在场,现金由出纳人员经手盘点,清查人员从旁监督。清查人员除应查明账实是否相符外,还应关注是否存在违反现金管理规定的情况。

（3）编制"库存现金盘点报告表"。清查盘点结束后,应根据盘点结果编制"库存现金盘点报告表"(如图4-7所示),填列账存、实存以及溢余或短缺金额并说明原因,由清查人员和出纳人员签名盖章后,报有关部门或负责人进行相应的处理。

库存现金盘点表

年　　月　　日　　　　　　　　　　　　　　编号 0602

账存金额	实存金额	盘盈	盘亏	备注

监盘人(签章)：　　　　　　盘点人(签章)：

图4-7　库存现金盘点报告表

二、现金短缺或溢余的核算

(一)查明原因前的账务处理

出纳人员于每日终了结出现金收支金额和当日余额,并对库存现金进行清查。如发现现金短缺或溢余,在查明原因前应进行如下账务处理：

1. 现金短缺时

借：待处理财产损溢——待处理流动资产损溢
　　贷：库存现金

2. 现金溢余时

借：库存现金
　　贷：待处理财产损溢——待处理流动资产损溢

(二)查明原因后的账务处理

对于现金的短缺和溢余,企业应及时查明原因,并经过适当的授权批准后,进行相应的账务处理：

1. 现金短缺时

（1）属于应由责任人赔偿的部分：

借：其他应收款——应收现金短缺款(××个人)
　　贷：待处理财产损溢——待处理流动资产损溢

(2) 属于应由保险公司赔偿的部分：

借：其他应收款——应收保险赔款
　　贷：待处理财产损溢——待处理流动资产损溢

(3) 属于无法查明原因的,一般由经管人员负责,若决定由单位作核销处理,则会计分录为：

借：管理费用——现金短缺
　　贷：待处理财产损溢——待处理流动资产损溢

【例 4-7】 2019 年 7 月,华夏有限责任公司进行月末现金清查时发现企业库存现金短缺 500 元。经反复核查后,由出纳王小红责任赔偿 200 元,其余 300 元经批准转入管理费用。

(1) 审批前：

借：待处理财产损溢——待处理流动资产损溢　　　　　　　　　　　500
　　贷：库存现金　　　　　　　　　　　　　　　　　　　　　　　500

(2) 审批后：

借：其他应收款——应收现金短缺款(王小红)　　　　　　　　　　200
　　管理费用——现金短缺　　　　　　　　　　　　　　　　　　300
　　贷：待处理财产损溢——待处理流动资产损溢　　　　　　　　　500

2. 现金溢余

(1) 属于应支付给有关人员或单位的：

借：待处理财产损溢——待处理流动资产损溢
　　贷：其他应付款——应付现金溢余

(2) 属于无法查明原因的：

借：待处理财产损溢——待处理流动资产损溢
　　贷：营业外收入——现金溢余

本 章 小 结

本章主要学习了：现金管理的基本规定及相关制度；现金收款、支出业务办理范围、办理原则、办理程序及相应的会计核算；现金清查的含义、业务程序以及相应的会计核算。

本 章 重 要 概 念

现金　库存限额　日清月结　现金收款业务　现金支出业务　现金清查

思考与练习

1. 根据《现金管理暂行条例》的规定,企业的现金使用范围有哪些?
2. 什么是现金的日清月结制度?
3. 如何填写现金支票?
4. 如何填制现金缴款单?
5. 现金发生短缺或溢余应如何进行账务处理?

推荐阅读资料

[1]《现金管理暂行条例》(2011年).

[2] 许秀萍,郑维. 出纳实务[M]. 2版. 北京:中国人民大学出版社,2019.

[3] 许仁忠,周凤莲,李慧蓉. 出纳实务[M]. 3版. 成都:西南财经大学出版社,2017.

第五章 出纳银行业务

> ➢ 内容简介
> ➢ 学习目的和要求
> ➢ 引例
> ➢ 第一节 银行结算账户管理概述
> ➢ 第二节 支票结算业务
> ➢ 第三节 银行汇票和银行本票结算业务
> ➢ 第四节 商业汇票结算业务
> ➢ 第五节 委托收款和托收承付结算业务
> ➢ 第六节 汇兑结算业务
> ➢ 第七节 信用卡结算业务
> ➢ 本章小结
> ➢ 本章重要概念
> ➢ 思考与练习
> ➢ 推荐阅读资料

内容简介

本章主要讲解了银行结算账户管理的原则和要求;银行结算账户的开立、使用、变更及撤销的规定和程序;银行结算纪律;不同银行结算方式的使用范围、结算程序及注意事项。本章重点为银行结算账户的开立、使用、变更及撤销的规定和程序;不同银行结算方式的使用范围、结算程序。

学习目的和要求

通过本章的学习,要求学生掌握银行结算账户管理的原则和要求,银行结算账户的开设、使用、变更及撤销的规定和程序;掌握银行结算方式的使用范围、结算程序和账务处理;理解使用各种结算方式的基本规定及受理时应注意的事项,了解银行结算纪律。

引例 银行结算账户业务应如何办理?

王小红自担任出纳一职以来,工作一直是认认真真、勤勤恳恳,可是最近工作中却遇到了新难题,由于华夏公司为进一步扩大经营领域,所以将公司迁址到工业园新区,可是涉及基本存款账户的撤销与新设,财务经理指派王小红负责,王小红却毫无头绪,不知从何入手。企业都会涉及哪些银行结算账户呢?出纳人员又应该如何申请银行结算账户的开立、变更和撤销呢?让我们和王小红一起来学习一下吧。

第一节 银行结算账户管理概述

一、银行结算账户的含义及分类

(一) 银行结算账户的含义

银行结算账户(全称人民币银行结算账户),是指银行为存款人开立的办理资金收付结算的人民币活期存款账户。在我国，存款人既可以是单位，也可以是个人，包括在中国境内开立银行结算账户的机关、团体、部队、企业、事业单位、其他组织（以下统称单位）、个体工商户和自然人。银行，是指在中国境内经中国人民银行批准经营支付结算业务的政策性银行、商业银行（含外资独资银行、中外合资银行、外国银行分行）、城市信用合作社、农村信用合作社。

银行结算账户体现了存款人与银行之间的一种法律关系；银行结算账户的性质是活期存款账户；银行结算账户的目的是办理资金收付结算。

（二）银行结算账户的分类

按存款人不同，分为单位银行结算账户和个人银行结算账户。

（1）存款人以单位名称开立的银行结算账户为单位银行结算账户。单位银行结算账户按用途分为基本存款账户、一般存款账户、专用存款账户、临时存款账户。四种账户的相关规定，详见表 5-1 所示。

表 5-1　　　　　　　　　　四种账户开立与使用对比表

账户种类	定义	作用及使用范围	相关规定
基本存款账户	存款人因办理日常转账结算和现金收付需要开立的银行结算账户	存款人日常经营活动的资金收付	一个企业只能在一家银行开立一个基本存款账户，即一个企业只有一个基本存款账户
一般存款账户	是存款人因借款或其他结算需要，在基本存款账户开户银行以外的银行营业机构开立的银行结算账户	办理转账结算和现金缴存，但不能支取现金	不得在同一家银行的几个分支机构开立一般存款账户，如：在工商银行香港路支行开了一般账户，就不能在工商银行东海路支行再开一个一般账户
临时存款账户	存款人因临时需要并在规定期限内使用而开立的银行结算账户	办理转账结算和根据国家现金管理的规定办理现金收付。使用范围：设立临时机构、异地临时经营活动、注册验资等	可以办理现金的缴存与支取，但用于注册验资的在验资期间不得现金支取。临时存款账户的有效期最长不得超过 2 年
专用存款账户	存款人按照法律、行政法规和规章，对其特定用途资金进行专项管理和使用而开立的银行结算账户	单位可申请专用存款账户的有：基本建设资金、更新改造资金、财政预算外资金、证券交易结算资金、期货交易保证金、单位银行卡备用金等	专用存款账户用于办理各项专用资金的收付

（2）存款人凭个人身份证件以自然人名称开立的银行结算账户为个人银行结算账户。

【小提示】
　　本章所涉及的银行结算账户仅指单位银行结算账户。个体工商户凭营业执照以字号或经营者姓名开立的银行结算账户纳入单位银行结算账户管理。

二、银行结算账户管理的基本原则

（一）一个基本账户原则

单位银行结算账户的存款人只能在银行开设一个基本存款账户（国家另有规定的除外），存款人开立基本存款账户实行核准制度，经中国人民银行核准后由开户银行核发开户登记证。一个单位不能同时开立多个基本存款账户。违反此规定的，除责令限期撤销多余账户外，并处以5 000元至10 000元的罚款。

（二）自愿选择、自主支配原则

一经双方相互认可后，存款人应遵循银行结算的规定，而银行应保证存款人对资金的所有权和自主支配权不受侵犯。

（三）存款保密原则

银行必须依法为存款人保密，维护存款人对资金的自由支配权。除国家法律规定和国务院授权中国人民银行总行的监督项目外，银行不得代任何单位或个人查询、冻结、扣划存款账户内存款，不得向第三方透露有关存款人的银行账户情况。

（四）银行不垫款原则

银行在办理结算时，只负责办理结算双方单位的资金转移，不为任何单位垫付资金。

三、银行结算账户管理的基本要求

各开户单位使用银行结算账户时，应当加强管理，维持正常的结算秩序。银行结算账户管理的基本要求是：

（1）认真贯彻执行国家的政策、法律和法规，遵守银行信贷、结算、现金及账户管理等有关方面的规定。

（2）开户单位不得违反规定多头开户，不得出租、出借或转让账户。

（3）各种收付款凭证，必须填明款项来源或用途，不得巧立名目、弄虚作假、套取现金，严禁利用账户以合法名义从事非法活动。

（4）各单位在银行开设的账户都必须有足够的资金以保证支付，及时定期地与银行提供的对账单相核对。若发现不符，及时与银行联系，并尽快查对清楚。

四、银行结算账户的开立

本书以基本存款账户为例，介绍单位银行结算账户的开立，其他账户开立与此类似。

（一）开立基本存款账户的当事人应具备的资格

根据《银行账户管理办法》的规定，下列存款人可以申请开立基本存款账户：

(1) 企业法人。

(2) 非法人企业。

(3) 机关、事业单位。

(4) 团级(含)以上军队、武警部队及分散执勤的支(分)队。

(5) 社会团体。

(6) 民办非企业组织。

(7) 异地常设机构。

(8) 外国驻华机构。

(9) 个体工商户。

(10) 居民委员会、村民委员会、社区委员会。

(11) 单位设立的独立核算的附属机构。

(12) 其他组织。

(二)开立基本存款账户的业务流程

1. 填制《开户单位银行结算账户申请书》

单位申请开立基本存款账户的,应填制一式三份的开户申请书。开户申请书一般应包括申请开户单位名称、地址、主管部门、上级主管部门、账户资金来源性质、已开立账户情况、上级管理部门意见、申请开户单位盖章及其他应由银行填写的内容等,具体如表 5-2 所示。

表 5-2　　　　　　　　开户单位银行结算账户申请书

存款人名称			电　　话	
地　　址			邮　编	
存款人类别		组织机构代码		
法定代表人(√) 单位负责人( )	姓　　名			
	证件种类		证件号码	
行业分类	A( ) B( ) C( ) D( ) E( ) F( ) G( ) H( ) I( ) J( ) K( ) L( ) M( ) N( ) O(√) P( ) Q( ) R( ) S( ) T( )			
注册资金			地区代码	
经营范围				
证明文件种类		证明文件编号		
税务登记证(国税或地税)编号				
关联企业	关联企业信息填列在"关联企业登记表"上。			
账户性质	基本( )　一般( )　专用( )　临时( )			
资金性质		有效日期至	年　月　日	

以下为存款人上级法人或主管单位信息:

(续表)

上级法人或主管单位名称				
基本存款账户开户许可证核准号			组织机构代码	
法定代表人（　） 单位负责人（　）	姓　　名			
	证件种类		证件号码	

以下栏目由开户银行审核后填写：

开户银行名称		开户银行代码	
账户名称		账　　号	
基本存款账户开户许可证核准号		开户日期	
本存款人申请开立单位银行结算账户，并承诺所提供的开户资料真实、有效。 存款人（公章） 年　月　日	开户银行审核意见： 经办人（签章） 银行签章 年　月　日	人民银行审核意见： （非核准类账户除外） 经办人（签章） 人民银行（签章） 年　月　日	

填写说明：

① 申请开立临时存款账户，必须填列有效日期；申请开立专用存款账户，必须填列资金性质。

② "行业分类"中各字母代表的行业种类如下：A：农、林、牧、渔业；B：采矿业；C：制造业；D：电力、燃气及水的生产供应业；E：建筑业；F：交通运输、仓库和邮政业；G：信息传输、计算机服务及软件业；H：批发和零售业；I：住宿和餐饮业；J：金融业；K：房地产业；L：租赁和商务服务业；M：科学研究、技术服务和地质勘查业；N：水利、环境和公共设施管理；O：居民服务和其他服务业；P：教育业；Q：卫生、社会保障和社会福利业；R：文化、教育和娱乐业；S：公共管理和社会组织；T：其他行业。

③ 带括号的选项填"√"。

④ 申请开立核准类账户，填写本表一式三联，三联申请书由开户银行报送人民银行分行，加盖审核章后，一联开户单位留存，一联开户银行留存，一联中国人民银行分行留存；申请开立备案类账户，填写本表一式二联，一联存款人留存，一联开户银行留存。

2. 提供相关证件

具体包括：

（1）依法成立的证明文件或证书，如企业营业执照（正本）或登记证书、批文原件及复印件。

（2）法定代表人或单位负责人的身份证原件及复印件。

（3）银行要求提供的其他材料，如公司章程等。

【小提示】

银行机构对存款人书面相关资料的真实性、完整性和合规性进行审查，并向人民银行提供上述证明材料的复印件。

3. 与开户行签订《单位银行结算账户管理协议》

银行为单位开立银行结算账户,应与单位签订银行结算账户管理协议,明确双方的权利与义务。

4. 送交印鉴卡片

印鉴卡片是单位与银行事先约定的一种付款的法律凭证。除中国人民银行另有规定外,应建立单位预留印鉴卡片,并将印鉴式样和有关证明文件的原件或复印件留存归档。具体样式详见图5-1。

预留印鉴是指存款人在银行开立银行结算账户时留存的、凭以办理款项支付结算的权利证明,也是开户银行办理收付结算的审核依据。

【小提示】

存款人为单位的,其预留银行印鉴为该单位的公章或财务专用章加其法定代表人(单位负责人)或其授权的代理人的签名或者盖章。存款人为个人的,其预留签章为该个人的签名或盖章。

ICBC 中国工商银行( )分行 中国工商银行股份有限公司		预留印鉴卡 440101223373	
户名	华夏有限责任公司	电话	010-86666797
账号	110106478164551	地址	北京海淀区海淀路59号
账户性质	基本户	财务联系人	李明丽
启用时间	2011 年 01 月 10 日		
单位预留印鉴样式	 华夏有限责任公司财务专用章		王鹏国印

开户受理员:　　开户经办员:　　审核员:　　建档操作员:　　建档审核员:

图5-1 中国工商银行印鉴卡片

5. 领取银行开户许可证及密码,开立账户

一般的,单位只能开立一个基本存款账户。经过银行审核同意后,申请开户单位就可以在银行开立基本存款账户,进行日常转账结算和现金收付等业务。

延伸阅读 5-1

中国人民银行关于取消企业银行账户许可有关事宜的决定

为贯彻落实 2018 年 12 月 24 日国务院常务会议决定,中国人民银行决定:

一、自 2019 年 2 月 25 日起在全国范围分批取消企业银行账户许可,2019 年底前实现完全取消。同时,强化企业银行账户管理,全面加强事中事后监管。

第一批取消企业银行账户许可的地区为江苏省、浙江省,后续取消企业银行账户许可的地区根据各省(区、市)工作准备情况分批确定。

二、中华人民共和国境内依法设立的企业法人、非法人企业、个体工商户在取消企业银行账户许可地区的银行业金融机构办理基本存款账户、临时存款账户,由核准制改为备案制,不再执行《人民币银行结算账户管理办法》(中国人民银行令〔2003〕第 5 号发布)第六条、第二十九条、第三十一条、第三十八条规定,以及第十八条、第十九条、第二十一条、第二十三条、第二十八条、第三十二条、第三十六条、第五十四条、第五十五条、第六十三条涉及银行账户核准以及开户许可证(开户登记证)的相关规定。

五、银行结算账户的变更

单位银行结算账户的变更是指存款人名称、单位法定代表人或主要负责人、住址以及其他开户资料发生的变更。银行结算账户发生变更的,应填制《变更银行结算账户申请书》(如表 5-3 所示),办理相关的变更手续。

银行结算账户的存款人名称发生变更,但不改变开户银行及账号的,应于 5 个工作日内向开户银行提出银行结算账户的变更申请,并出具有关部门的证明文件;单位法定代表人或主要负责人、住址以及其他资料发生变更,应于 5 个工作日内书面通知开户银行并提供有关证明。银行接到存款人的变更通知后,应及时办理变更手续,并于 2 个工作日内将存款人的"变更银行结算账户申请书"、开户登记证及证明文件报送中国人民银行当地分行。

表 5-3　　　　　　　　　　变更银行结算账户申请书

账户名称	
开户银行机构代码	账　号
账户性质	基本(√)专用( )一般( )临时( )个人( )
开户许可证核准号	
变更事项及变更后内容如下:	
账户名称	
地址	
邮政编码	
电话	
注册资金金额	
证明文件种类	

(续表)

证明文件编号		
经营范围		
法定代表人或单位负责人	姓　名	
	证件种类	
	证件号码	
关联企业		变更后的关联企业信息填列在"关联企业登记表"中。
上级法人或主管单位的基本存款账户核准号		
上级法人或主管单位的名称		
上级法人或主管单位法定代表人或单位负责人	姓　名	
	证件种类	
	证件号码	
本存款人申请变更上述银行账户内容,并承诺所提供的资料真实、有效。 存款人(签章) 年　月　日	开户银行审核意见: 经办人(签章) 开户银行(签章) 年　月　日	人民银行审核意见: 经办人(签名) 人民银行(签章) 年　月　日

填写说明:
① 存款人申请变更核准类银行结算账户的存款人名称、法定代表人或单位负责人的,中国人民银行当地分支行应当对存款人的变更申请进行审核并签署意见,并重新核发开户许可证。
② 带括号的选项填"√"。
③ 本申请书一式三联,一联存款人留存,一联开户银行留存,一联中国人民银行当地分支行留存。

六、银行结算账户的撤销

银行结算账户的撤销是指存款人因开户资格或其他原因终止人民币银行结算账户使用的行为。有下列情形之一的,存款人应向开户银行提出撤销银行结算账户的申请(如表5-4所示):

(1) 被撤并、解散、宣告破产或关闭的。
(2) 注销、被吊销营业执照的。
(3) 因迁址需要变更开户银行的。
(4) 其他原因需要撤销银行结算账户的。

【小提示】
　　存款人有以上第(1)、第(2)项情形的,应于5个工作日内向开户银行提出撤销银行结算账户申请。

单位尚未清偿完其开户银行债务的,不得申请撤销该账户。单位撤销银行结算账户,必须与开户银行核对银行结算账户存款余额,交回各种重要空白票据、结算凭证和开户登记证,银行核对无误后方可办理销户手续。单位未按规定交回各种重要空白票据及结算凭证的,应出具有关证明,造成损失的,由其自行承担。

表 5-4　　　　　　　　　　　撤销银行结算账户申请书

账户名称				
开户银行名称				
开户银行代码		账　　号		
账户性质	基本(　)专用(　)一般(　)临时(　)个人(　)			
开户许可证核准号				
销户原因				
本存款人申请撤销上述银行账户,承诺所提供的证明文件真实、有效。 　　　　　　　　　存款人(签章) 　　　　　　　　　年　　月　　日	开户银行审核意见: 　　　　　　　　　经办人(签章) 　　　　　　　　　开户银行(签章) 　　　　　　　　　年　　月　　日			

填写说明:
① 带括号的选项填"√"。
② 本申请书一式三联,一联存款人留存,一联开户银行留存,一联中国人民银行当地分支行留存。

相关案例5-1

三钢闽光退休员工伪造印章骗取银行巨额融资

2015年7月21日,重大资产重组尚无结果,三钢闽光却遭已退休员工伪造印章骗取银行融资的"劫难"。

三钢闽光公告称,公司近期接到光大银行福州分行、建设银行城东支行、海峡银行湖东支行及民生银行福建分部的通知。银行方面的通知称:自2014年以来,三钢闽光与上述银行及永利物资等九家企业中的若干家分别签订了保兑仓三方协议或动产融资差额回购协议,公司出具了额度占用确认函,上述四家银行在上述协议项下分别开出以三钢闽光为受益人的银行承兑汇票,或根据公司出具的额度占用确认函,同意第三方向银行办理商业汇票的贴现业务。其中,光大银行福州分行开出的银行承兑汇票敞口共计11 220万元,建设银行城东支行开出的银行承兑汇票敞口共计5 800万元,民生银行福建分部开出的银行承兑汇票敞口共计7 677.1万元,另有18 900万元的商业承兑汇票已由他人办理了贴现;以上三家银行开出的银行承兑汇票均送达给公司下属销售公司职工郑敏龙,其已于2013年10月退休。海峡银行湖东支行开出的银行承兑汇票敞口共计8 000万元,另有2 500万元的商业承兑汇票已由他人办理了贴现。

三钢闽光强调,公司印章应被伪造,有关人员、企业可能涉嫌严重经济犯罪,公司权益存在受侵害的可能。为此,三钢闽光将核实后的结果告知银行并立即向公安机关举报。

资料来源:中国证券网。

第二节　支票结算业务

随着商品经济的发展,各经济单位间由于商品交易、劳务供应、资金调拨等经济往来都会引起货币收付的结算,结算通常有现金结算和转账结算两种方式。结算方式的选择可根据不同经济往来的特点、形式及需要确定。**现金结算**是指收付款双方直接以现金进行的收付行为;**银行结算**也称转账结算,是指通过银行或网上支付平台将款项从付款单位账户划转到收款单位账户的货币收付行为。根据中国人民银行有关支付结算办法的规定,现行的国内银行结算方式主要有支票、银行本票、银行汇票、商业汇票、委托收款、托收承付、汇兑、信用卡结算等(如图5-3所示)。

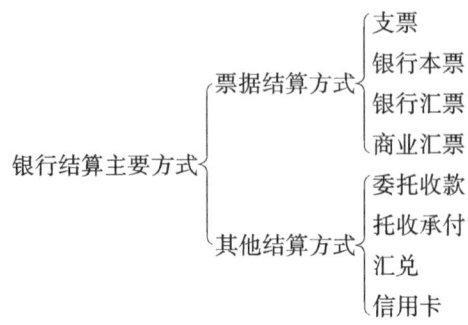

图5-3 银行主要结算方式

一、支票概述

(一) 支票的概念及适用范围

支票是出票人签发的,委托办理支票存款业务的银行在见票时无条件支付确定的金额给收款人或者持票人的票据。单位和个人在同一票据交换区域内各种款项的结算,均可使用支票。

同一票据交换区是指同城票据交换系统覆盖的区域。同城票据交换系统由各地人民银行管理和运行,各银行机构参加。票据交换区域与行政区划不同,以山东为例,地市人民银行同城交换系统覆盖的范围是地级市及其下属县市,也就是整个地市都在同一票据交换区域内。

【小提示】
自2007年6月25日起,中国人民银行建成了全国支票影响交换系统,实现了支票在全国范围的互通使用,企事业单位和个人持任何一家银行的支票均可在境内所有地区办理支付,但支票上必须注明12位银行机构代码。

(二) 支票的种类

支票按照使用要求可分为现金支票、转账支票和普通支票。

1. 现金支票

支票上印有"现金"字样的为现金支票(如图5-4所示)。现金支票只能用于支取现金。

2. 转账支票

支票上印有"转账"字样的为转账支票(如图5-5所示)。转账支票只能用于转账。

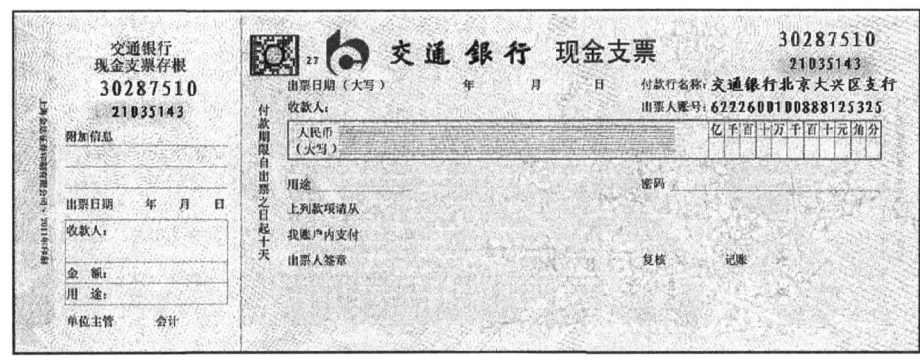

图 5-4 现金支票

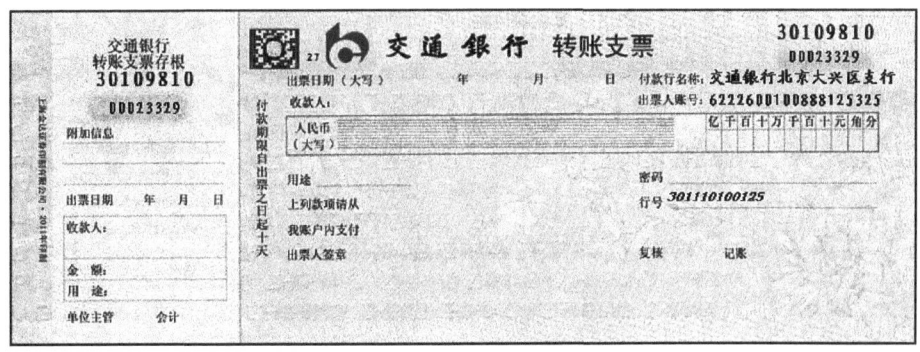

图 5-5 转账支票

3. 普通支票

支票上未印有"现金"或"转账"字样的为普通支票。普通支票可以用于支取现金,也可以用于转账。在普通支票左上角划两条平行线的,为划线支票,划线支票只能用于转账,不得支取现金。

二、支票结算的基本规定

(1) 支票一律记名。即签发的支票必须注明收款人的名称,并只准收款人或签发人向银行办理转账或提取现金。在中国人民银行总行批准的地区,转账支票可以背书转让。

(2) 支票的持票人应当自支票出票日起 10 日内提示付款;异地使用的支票,其提示付款的期限由中国人民银行另行规定。有效期从签发的当日算起,到期日遇节假日顺延。过期支票银行不予受理,支票自行作废。

(3) 支票金额起点为 100 元。起点以下的款项结算一般不使用支票,交纳公用事业费、缴拨基本养老保险基金、支付住房公积金,可不受金额起点的限制。

(4) 异地使用支票的单笔金额上限为 50 万元。

(5) 签发支票应使用墨汁或碳素墨水填写,各项目按规定填写、被涂改冒领的,由签发人负责。

(6) 签发人必须在银行账户余额内按照规定向收款人签发支票,不得签发空头支票。出票人签发空头支票、签章与预留银行签章不符的支票、支付密码错误的支票,银行应予以退票,并按票面金额处以5%但不低于1 000元的罚款,同时持票人有权要求出票人赔偿支票金额2‰的赔偿金。对屡次签发的,银行根据情节给予警告、通报批评、直至停止其向收款人签发支票。

(7) 已签发的现金支票遗失,可以向银行申请挂失。挂失前已经支付,银行不予受理。已签发的转账支票遗失,银行不受理挂失,可请求收款人协助防范。

> **技巧提示5-1**

票据的背书转让

票据背书是指持票人为了转让票据权利或者为了将票据权利授予他人行使,在票据的背面或粘单上记载法律要求的事项并签章,然后把票据交付给被背书人的票据行为。背书按目的分为转让背书和非转让背书两类;转让背书是指以转让票据权利为目的的背书;非转让背书是指以授予他人行使一定的票据权利为目的的背书。

背书转让一般涉及背书人和被背书人。背书人是指在转让票据时,在票据背面或粘单上签字或盖章,并将票据交付给受让人的票据收款人或持有人。被背书人是指被记名受让票据或接受票据转让的人,背书后,被背书人成为票据新的持有人,享有票据的所有权利。

三、支票的填写和办理支付结算的基本要求

(1) 票据的出票日期必须使用中文大写。大写金额数字,一律用正楷字或行书字书写,如壹、贰、叁、肆、伍、陆、柒、捌、玖、拾、佰、仟、万。为防止变造票据的出票日期,在填写月、日时,月为壹、贰和壹拾的,应在其前加"零"。日为壹至玖和壹拾、贰拾和叁拾的,应在其前加"零";日为拾壹至拾玖的,应在其前加"壹"。

(2) 票据和结算凭证金额以中文大写和阿拉伯数码同时记载,两者必须一致,二者不一致的票据无效;两者不一致的结算凭证,银行不予受理。填写的人民币大小写金额,不得更改,大写金额数字应紧接"人民币"字样填写,不得留有空白;阿拉伯数字应一个一个地写,不得连笔写。阿拉伯金额数字前面应写人民币符号"¥"。人民币符号"¥"与阿拉伯金额数字之间不得留有空白。凡阿拉伯数字前写有人民币符号"¥"的,数字后面不再写"元"字。所有以元为单位的阿拉伯数字,除特殊情况外,一律填写到角分。无角分的,角位和分位可写"00";有角无分的,分位应写"0",不得用符号"—"代替。大写金额有分的,后面不加整字,其余一律在末尾加"整"字。

(3) 出票金额、出票日期、收款人名称不得更改,更改的票据无效。更改的结算凭证,银行不予受理。对票据和结算凭证上的其他记载事项,原记载人可以更改,更改时应当由原记载人在更改处签章证明。

(4) 支票的用途:①现金支票的用途有一定限制,一般填写"备用金""差旅费""工资"等。②转账支票的用途没有具体规定,可填写如"货款""代理费"等。

(5) 出票人签章,即出票人预留银行的签章。一般为财务专用章和法人章,缺一不可,印泥为红色,印章必须清晰,印章模糊者本张支票作废,需要更换支票,重新填写、重新盖章。

四、支票结算的基本程序

从总体上看,支票结算的基本程序如图 5-6 所示:

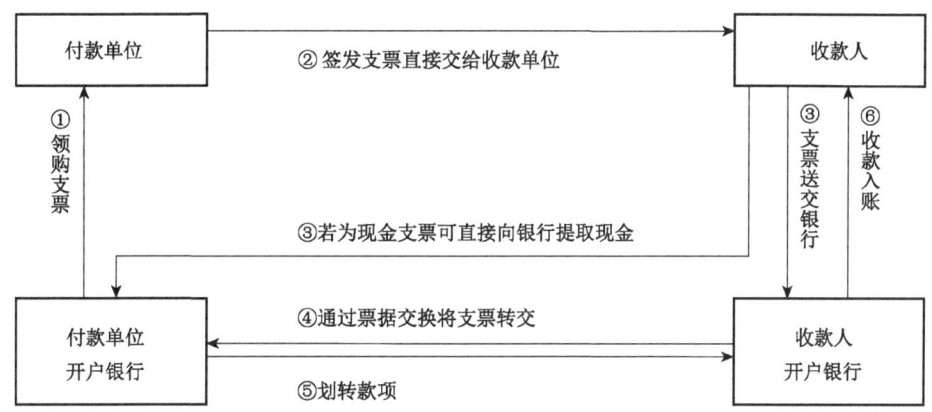

图 5-6 支票的结算程序

图 5-6 中号码所示的具体内容为:

(1) 领购支票。

(2) 付款单位签发支票给收款人。

(3) 收款人填写进账单,连同支票送交其开户银行办理转账业务。若为现金支票,收款人可直接持现金支票向付款单位开户行提取现金。

(4) 收款人开户行传递票据,通知付款单位开户行。

(5) 付款单位开户行将票款划给收款人开户行。

(6) 收款人开户行将款项划入收款人银行存款账户内,并退回进账单第三联,通知收款人收款。

具体而言,可分为支票付款业务流程和收款业务流程。

(一) 支票付款业务处理流程

1. 支票的领购

签发支票之前应先向银行购买支票。单位应填写一式三联的"重要空白凭证领用单"并在第一联上加盖预留银行印鉴,向其开户银行购买支票。经银行核对填写正确、签章相符、收取支票工本费和手续费后,领购人在"重要空白凭证登记簿"上注明购买日期、购买单位、支票起讫号码等相关信息并交纳支票工本费,便可以领取支票。

单位领购支票时缴纳的工本费、手续费,应根据银行收费收据进行会计核算,其账务处理分录为:

借:财务费用
　　贷:银行存款(或库存现金)

2. 现金支票付款业务

开户单位用现金支票提取现金时,由本单位出纳人员签发现金支票并加盖银行预留印鉴后,到开户银行提取现金;开户单位用现金支票向外单位或个人支付现金时,由付款单位出纳人员签发现金支票并加盖银行预留印鉴和注明收款人后交收款人,收款人持现金支票到付款单位开户银行提取现金。

企业采用现金支票结算的会计处理流程如图5-7所示。

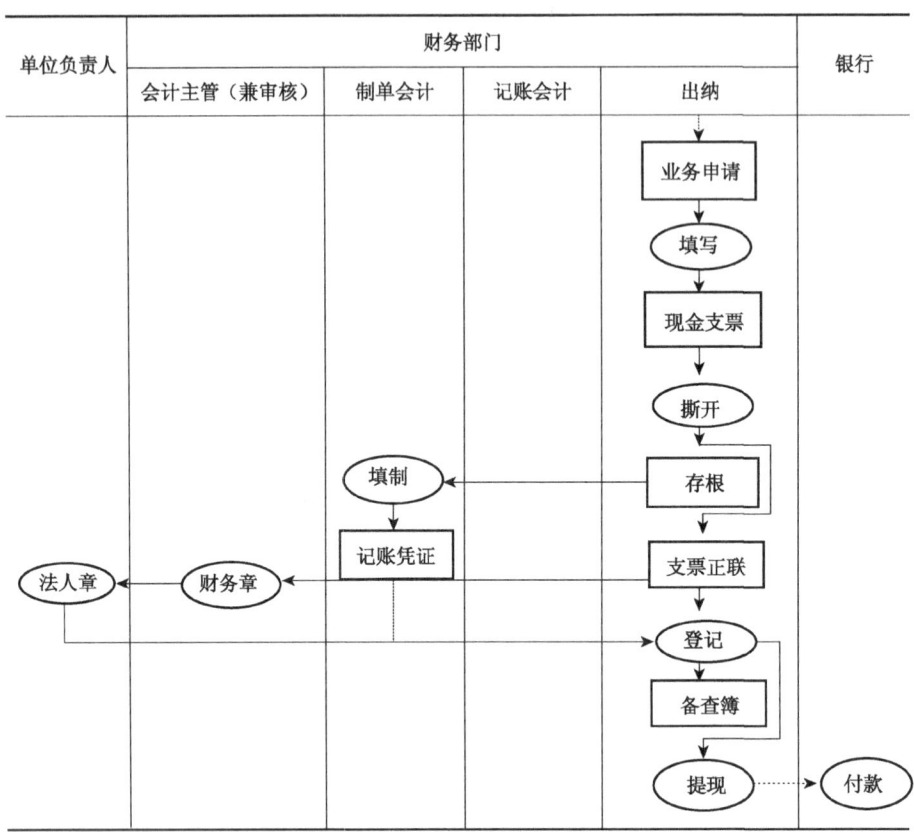

图5-7 采用现金支票结算的会计处理流程

【小提示】

单位签发现金支票,若提取现金自己使用,只需在支票的"收款人"栏内填上本单位的名称,并在现金支票背面"收款人"栏内,加盖预留银行印鉴,即可到银行提现。

企业提取现金的账务处理分录为:

借:库存现金
　　贷:银行存款

若将现金用于购买办公用品等零星支出,其账务处理分录为:

借:管理费用
　　贷:库存现金

3. 转账支票付款业务

付款单位购买商品或接受劳务时,可以签发转账支票进行结算。转账支票由出纳人员签发。出纳人员在签发转账支票时,应首先查验本单位银行存款账户中是否有足够的余额,以免签发空头支票,然后再按要求逐项填写支票的内容。

企业采用转账支票结算的会计处理流程如图5-8所示。

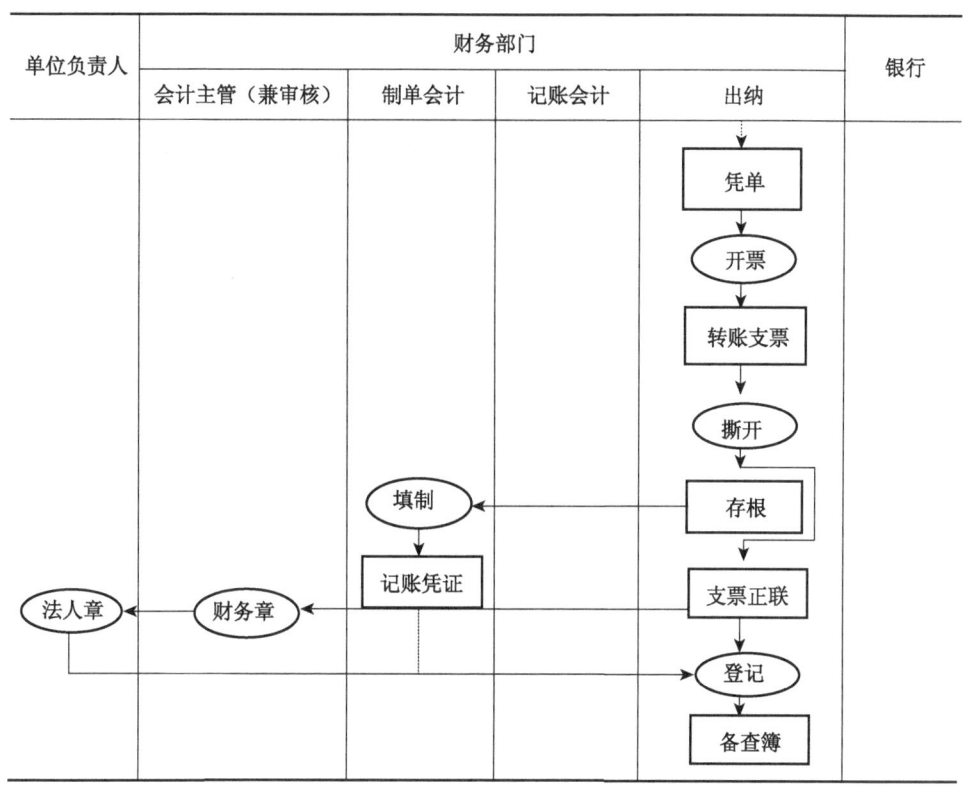

图 5-8　采用转账支票结算的会计处理流程

付款单位签发转账支票后,其财务部门根据支票存根和发票等原始凭证编制银行存款付款凭证,其账务处理分录为:

借:原材料等
　　贷:银行存款

【例 5-1】 2019 年 7 月 11 日,华夏有限责任公司签发现金支票一张,提取备用金 2 000 元,请按要求填写现金支票并填制记账凭证。

(1) 出纳人员填写支票领用登记簿并签发现金支票。
(2) 提取现金时,出纳人员在现金支票背面"收款人"栏内,加盖预留银行印鉴。
(3) 审核支票存根,依据支票存根编制记账凭证,并将凭证交审核人员审核。

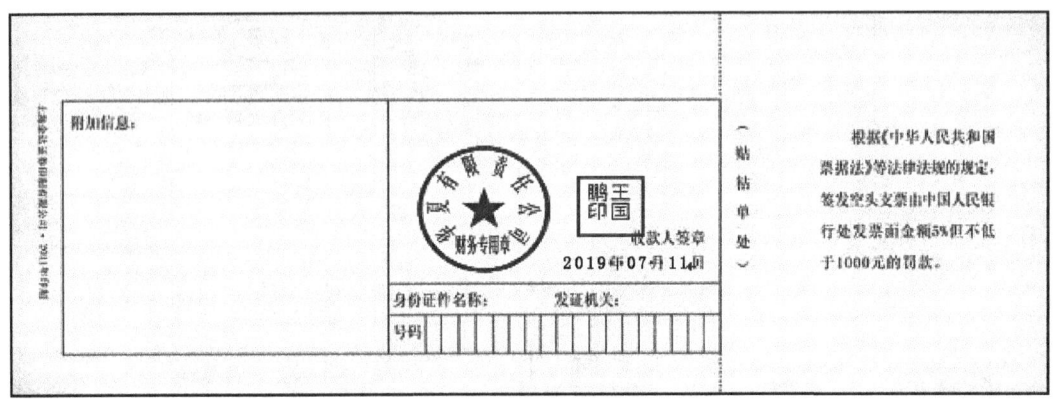

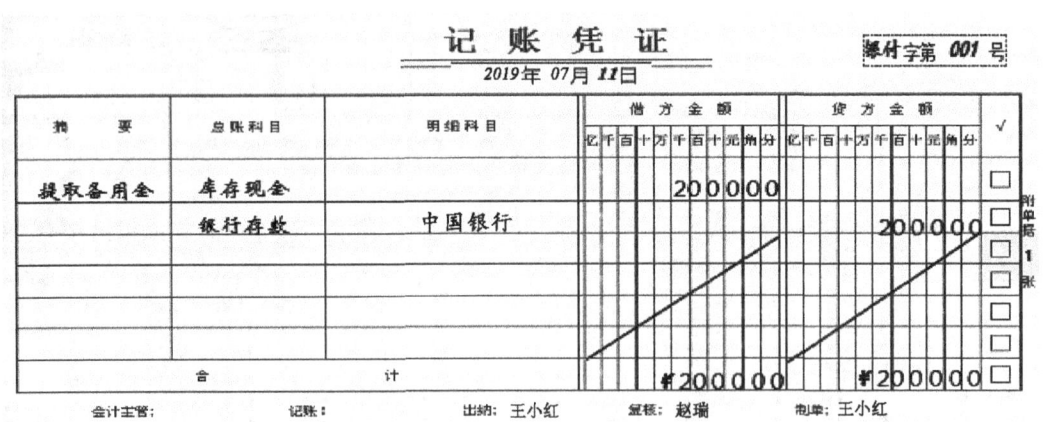

(二)支票收款业务处理流程

1. 现金支票收款业务

收款单位的出纳人员对现金支票审核无误后,即可在现金支票的背面签字或加盖本单位的印章(若收款人为个人还需携带本人身份证件),直接到出票人开户银行提取现金。收到现金时,进行账务处理为:借记"库存现金"科目,贷记相关科目。

2. 转账支票收款业务

企业收到转账支票,按下列步骤进行:

(1) 审核支票。出纳人员在接受支票时,应注意审核以下内容:支票的收款人或者被背书人是否为本企业;支票签发日期是否在付款期内;大小写金额是否一致;背书转让的支票背书是否连续,有无"不准转让"的字样;大小写金额、签发日期和收款人有无更改;签发人盖章是否齐全。

(2) 填写支票背面。收款人应在支票规定的付款期限(10 日)内,持支票到本单位的开户银行办理收款进账手续,逾期银行不予受理。办理进账手续时,应在支票背面背书人签章栏内加盖本企业银行预留印鉴,记载"委托收款"字样,并填写签章日期,在被背书人栏内记载开户银行的名称。

【小提示】

如果收款业务是由付款单位签发的,委托其开户银行办理转账结算程序的转账支票结算,付款单位应按支付的款项签发转账支票加盖银行预留印鉴,并填制进账单后,直接交其开户银行,要求将上述款项转到收款人开户银行,俗称"倒打"。

(3) 填制进账单。收款人审核无误后,填制进账单,将支票连同进账单一并交给开户银行办理进账。进账单共三联:第一联回单,此联是受理银行交给持(出)票人的回单。第二联贷方凭证,此联由收款人开户银行作贷方凭证。第三联收账通知,此联是收款人开户银行交给收款人的收账通知,如图5-9所示。

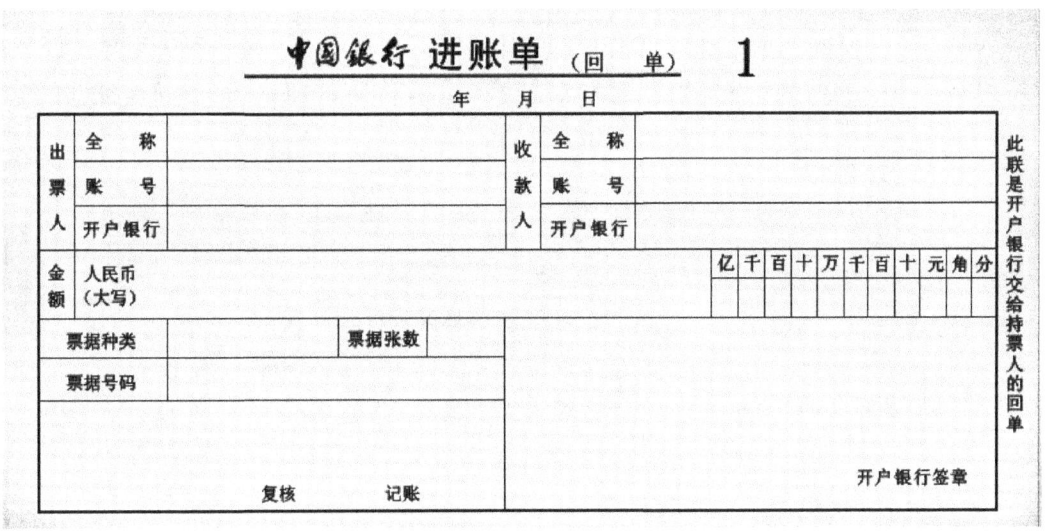

图5-9 银行进账单

银行经审核无误后,在进账单的第一联回单上加盖银行印章,退回给收款人。回单联不作进账、提货的证明,不作账务处理依据,仅供查询用。

(4) 编制记账凭证。银行之间传递凭证,收款人开户银行办妥进账手续后,通知收款人收款入账。出纳人员将开户银行退回的第三联"收账通知"交会计审核,并编制记账凭证。

(5) 登记银行存款日记账。出纳人员根据审核无误后的记账凭证,序时登记银行存款日记账。同时,在记账凭证中"记账"栏画上记账符号"√",并在记账凭证下方加盖记账人签章。

【例 5-2】 2019 年 7 月 09 日,华夏有限责任公司收到北京智成软件有限公司签发的转账支票一张,用于抵偿前欠货款。请作为华夏有限公司的出纳人员填写进账单,并完成银行存款的收入业务。

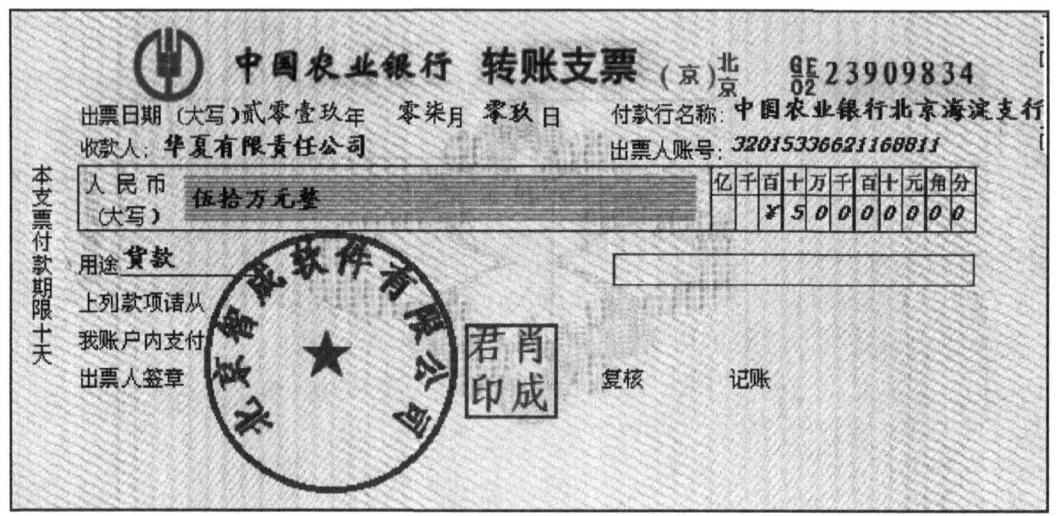

(1) 出纳人员收到转账支票审核无误后,填写支票背面,并加盖银行预留印鉴。

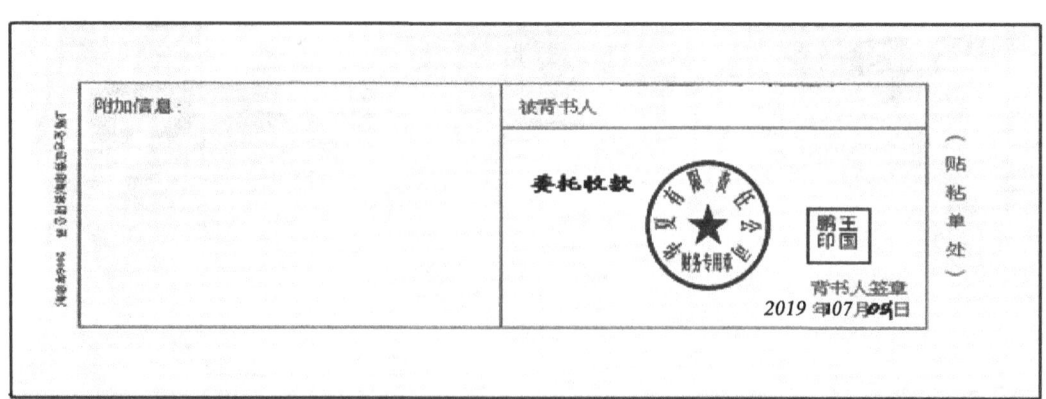

(2) 出纳人员填写进账单连同支票一并送交开户行。

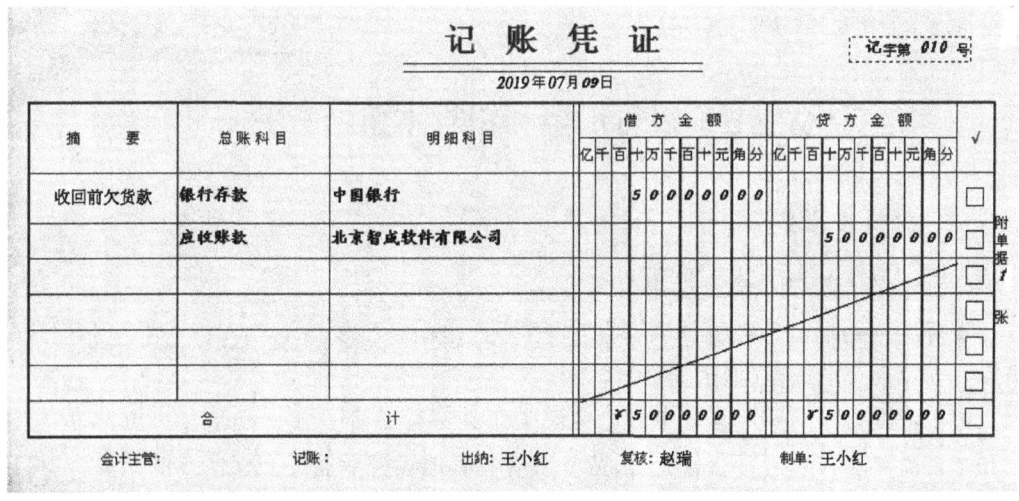

（3）出纳人员将银行退回的进账单（第三联收账通知）交给会计审核，会计审核无误后，依据增值税专用发票和进账单（收账通知）编制记账凭证，然后交审核人员审核。

（4）出纳依据审核无误的记账凭证登记银行存款日记账。

延伸阅读 5-2

电 子 支 票

电子支票是一种借鉴纸张支票转移支付的优点,利用数字传递将钱款从一个账户转移到另一个账户的电子付款形式。这种电子支票的支付是在与商户及银行相连的网络上以密码方式传递的,多数使用公用关键字加密签名或个人身份证号码(PIN)代替手写签名。用电子支票支付,事务处理费用较低,而且银行也能为参与电子商务的商户提供标准化的资金信息,故而可能是最有效率的支付手段。使用电子支票进行支付,消费者可以通过电脑网络将电子支票发向商家的电子信箱,同时,把电子付款通知单发到银行,银行随即把款项转入商家的银行账户,这一支付过程在数秒内即可实现。

使用电子支票支付,事务处理费用较低,而且因为是账户资金的转移,不涉及透支额度或者预支付是现实的支付形式,所以一般成功率几乎百分之百,消费者付款后也很难拒付,因此在国际事务中是非常有效的支付方式。早在20世纪80年代,美国自动票据清算所(ACH)已经采用票据截留的方式实现支票清算的电子化。尽管电子支票的法律效力可通过协议加以约定,但由于电子支票缺乏统一格式、客户对传统纸质支票的依赖等因素,美国电子支票的发展并不尽如人意。2000年美联储开始探讨如何促进支票截留及支票的电子表现形式的发展。在其后数年中,美联储与银行业及其他利益相关者通力合作,制定了《21世纪支票交换法案》,其主要目的一是赋予电子支票与纸质支票相同的法律效力,促进支票截留;二是在不强制银行及客户接受电子支票的前提下,扶植票据清算系统的创新;三是提高整个国家支付清算系统效率。

第三节 银行汇票和银行本票结算业务

一、银行汇票结算

(一) 银行汇票的概念及适用范围

银行汇票是指汇款人将款项交存当地银行,由银行签发给汇款人持往异地办理转账结算或支取现金的票据(如图5-10)。

银行汇票是目前异地结算中较为广泛采用的一种结算方式。凡是各单位、个体经济户和个人需要在异地进行商品交易、劳务供应和其他经济活动及债权债务的结算,都可以使用银行汇票,而且也都可以接收银行汇票。

(二) 银行汇票结算的特点

银行汇票结算有如下特点:

(1) 票随人走,钱货两清。实行银行汇票结算,购货单位交款,银行开票,票随人走;购货单位购货给票,销售单位验票发货,一手交票,一手交钱;银行见票付款,这样可以减少结算环节,缩短结算资金在途时间,方便购销活动。

(2) 信用度高,安全可靠。银行汇票是银行在收到汇款人款项后签发的支付凭证,因而具有较高的信誉,银行保证支付,收款人持有票据,可以安全及时地到银行支取款项。而且,银行内部有一套严密的处理程序和防范措施,只要汇款人和银行认真按照汇票结算的规定办理,汇款就能保证安全。一旦汇票丢失,如果确属现金汇票,汇款人可以向银行办理挂失,填明收款单位和个人,银行可以协助防止款项被他人冒领。

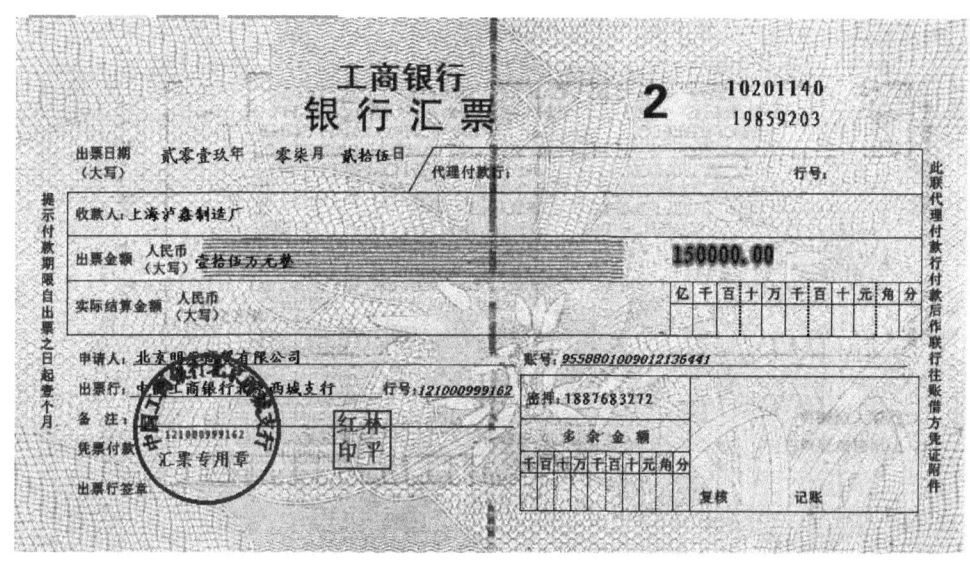

图 5-10 银行汇票

(3) 使用灵活,适应性强。实行银行汇票结算,持票人可以将汇票背书转让给销货单位,也可以通过银行办理分次支取或转让,另外还可以使用信汇、电汇或重新办理汇票转汇款项,因而有利于购货单位在市场上灵活地采购物资。

(4) 结算准确,余款自动退回。一般来讲,购货单位很难准确确定具体购货金额,因而出现汇多用少的情况是不可避免的。在有些情况下,多余款项往往长时间得不到清算从而给购货单位带来不便和损失。而使用银行汇票结算则不会出现这种情况,单位持银行汇票购货,凡在汇票的汇款金额之内的,可根据实际采购金额办理支付,多余款项将由银行自动退回。这样可以有效地防止交易尾欠的发生。

(三) 银行汇票结算的基本规定

银行汇票结算有如下规定:

(1) 银行汇票一律记名。汇款人申请办理银行汇票时,应在填写的"银行汇票委托书"上详细填明兑付地点、收款人名称、账号、用途等项内容。

(2) 签发带有"现金"字样的汇票,可直接提取现金。

(3) 银行汇票的付款期为1个月,逾期的银行汇票,兑付银行不予受理。

(4) 汇款人持银行汇票可以向填明的收款单位或个体经营户直接办理结算。收款人为个人的,也可以将转账的银行汇票经背书向兑付地的单位或个体经营户办理结算。

(5) 在银行开立账户的收款人或被背书人受理银行汇票后,在汇票背面加盖预留银行印鉴章,连同解讫通知、进账单一起送交开户银行办理转账。未在银行开立账户的收款人持银行汇票向银行支取款项时,必须交验本人身份证或兑付地有关单位足以证实收款人身份的证明,并在银行汇票背面盖章或签字,注明证件名称、号码及发证机关后,才能办理支取手续。

(6) 支取现金的规定。收款人如需要在兑付地支取现金,汇款人在填写"银行汇票申请书"时,须在"汇款金额"大写金额栏内先填写"现金"字样,然后填写汇款金额。

(7) 收款人可以将银行汇票背书转让给被背书人,银行汇票的背书转让以不超过出票金额的实际结算金额为准。未填写实际结算金额或实际结算金额超出出票金额的银行汇票不得背书转让。

(8) 银行汇票的丧失,失票人可以凭人民法院出具的其享有票据权利的证明,向出票银行请求付款或退款;填明"现金"字样的银行汇票可以向其开户银行挂失。

(四) 银行汇票结算的基本程序

使用银行汇票办理银行结算业务,其结算程序及说明如图 5-11 所示。

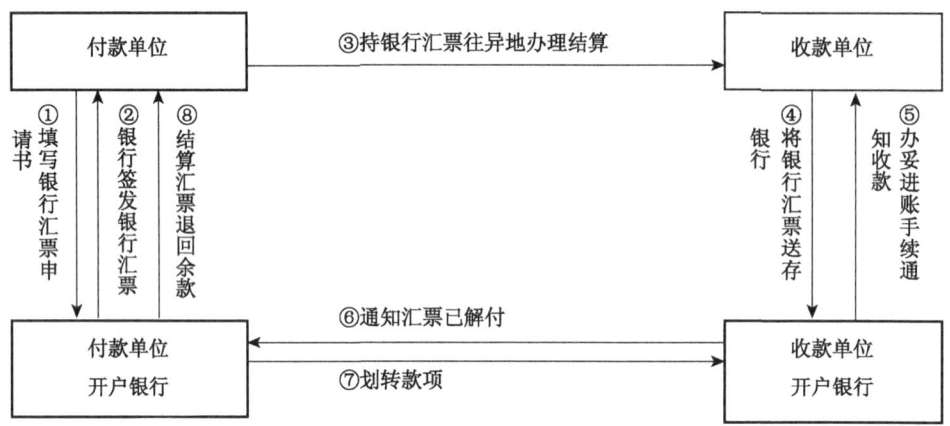

图 5-11 银行汇票结算基本程序

1. 银行汇票结算付款业务处理流程

(1) 付款人申请签发银行汇票。付款方向出票银行填写"银行汇票申请书"一式三联(如图 5-12 至图 5-14)。需要依次填写收款人名称、汇款金额、申请日期、账号或地址、代理付款行等事项并在第二联上加盖预留银行的签章。

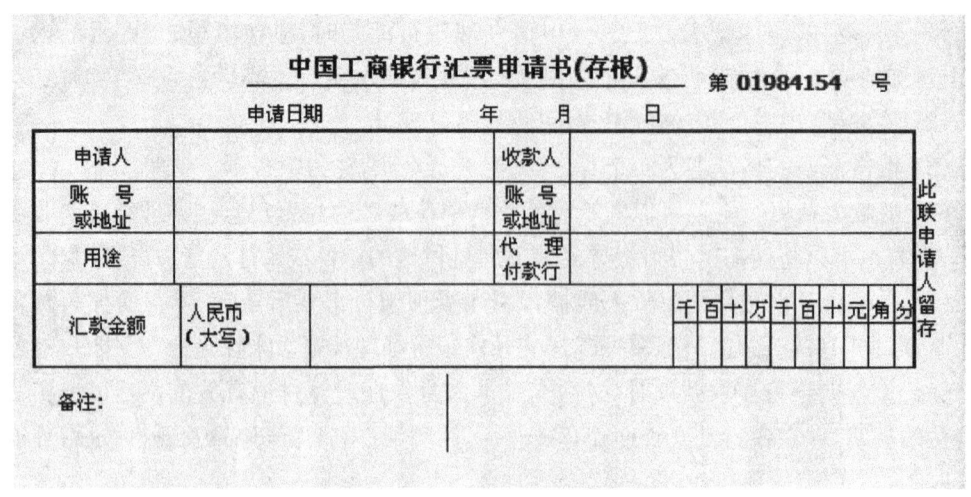

图 5-12 银行汇票申请书第一联

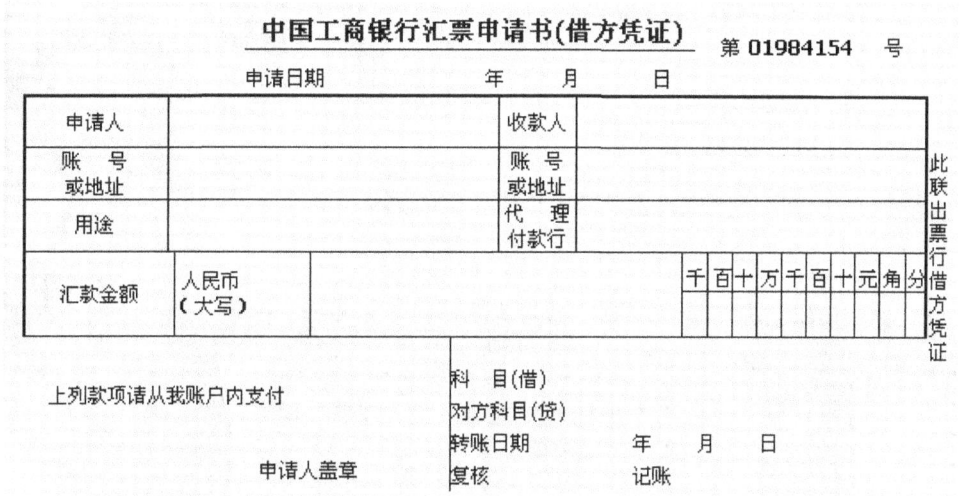

图 5-13　银行汇票申请书第二联

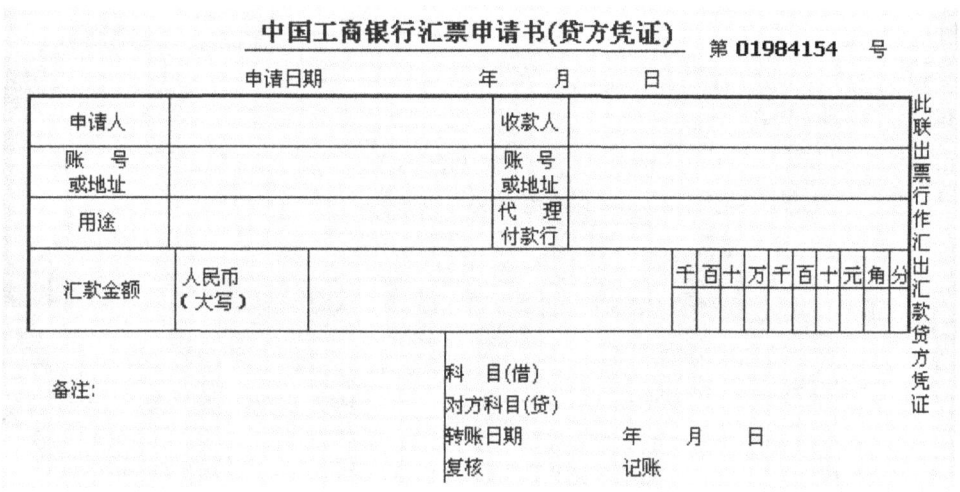

图 5-14　行汇票申请书第三联

（2）编制记账凭证。出纳人员根据加盖付款行印鉴的银行汇票申请书"存根联"编制记账凭证，并交会计审核。

（3）登记银行存款日记账。出纳人员根据审核无误后的记账凭证，序时登记银行存款日记账。

（4）银行出票。银行签发银行汇票并交付申请人出纳人员，出纳员登记"银行汇票登记簿"，如表 5-5 所示，并将第二联汇票和第三联解讫通知交给请领人。

（5）持往异地办理结算。申请人持第二联汇票和第三联解讫通知向填明的收款人办理结算。

（6）款项清算。收款人开户银行与汇票签发银行办理资金清算。银行汇票的实际结算金额低于出票金额的，其多余金额由签发银行退回付款人。

表 5-5　　　　　　　　　华夏有限责任公司银行汇票登记簿

签发日期	收款人			持票人		汇票用途	汇票金额	使用日期	实际结算金额	退回多余款
	名称	开户银行	账号	部门	姓名					

(7) 编制记账凭证。出纳人员根据收到的购货发票等凭证及银行转来的多余款收账通知编制记账凭证,并交会计审核。

(8) 登记银行存款日记账。出纳人员根据审核无误后的记账凭证,序时登记银行存款日记账。同时,在记账凭证中"记账"栏划上记账符号"√",并在记账凭证上加盖记账人签章。

【例 5-3】 2019 年 7 月 16 日,北京明发商贸有限公司向开户银行申请签发金额为 50 000 元的银行汇票一份,结清与福州长富贸易公司往来款项。银行批准签发后,将银行汇票联和解讫通知联退回企业。

(1) 北京明发商贸有限公司出纳人员填写"银行汇票申请书"一式三联,送本单位开户银行申请签发银行汇票。

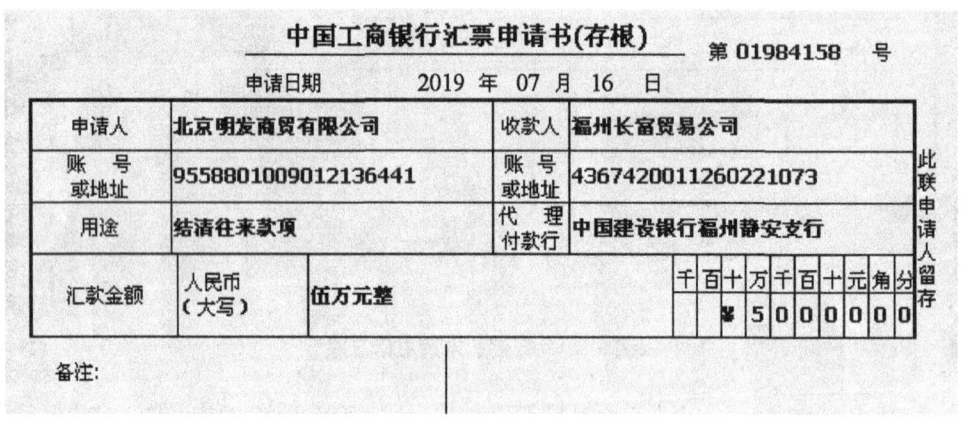

(2) 银行受理后,签发银行汇票一式四联,将第二联汇票联、第三联解讫通知和加盖印章后的"银行汇票申请书"第一联交给汇款人。

(3) 申请人持第二联汇票和第三联解讫通知向填明的收款人办理结算。

2. 银行汇票结算收款业务处理流程

(1) 审查银行汇票。收款人收到汇票后应认真审查收款人或背书人是否确定为本单位;银行汇票是否在付款期限内;日期、金额等的填写是否正确无误;票据专用章是否清晰等。

(2) 填写实际结算金额。审核无误后,在汇款金额以内,根据实际需要的款项办理结

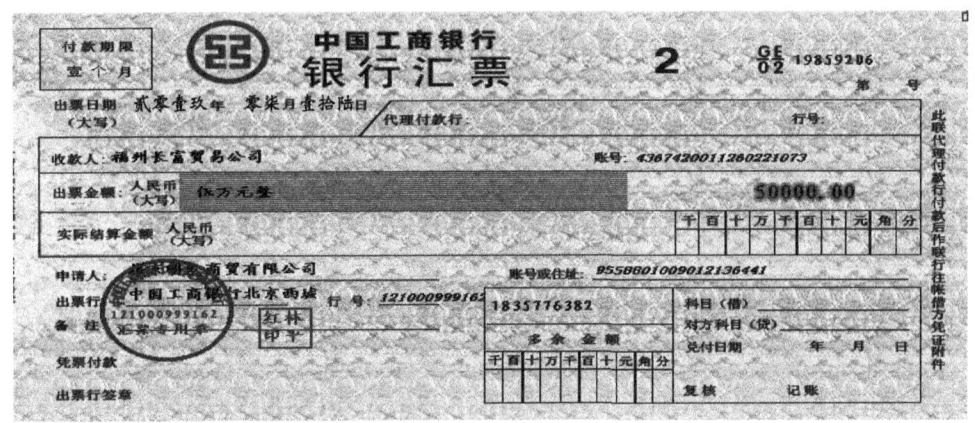

算,并将实际结算金额和多余金额准确地填入第二联银行汇票联和第三联解讫通知的有关栏内。

(3) 填写进账单。收款人应根据实际结算金额填写银行进账单。

(4) 办理银行进账或收款。在银行开立账户的银行收款人或被背书人在银行汇票背面加盖银行预留印鉴,连同银行汇票、解讫通知、进账单一并交开户银行办理转账。银行受理后,退回进账单的回单联。未在银行开立账户的收款人持银行汇票向银行支取款项时,必须校验本人身份证或兑付地有关单位足以证实收款人身份的证明,并在银行汇票背面签章或签字,注明证件名称、号码及发证机关后,才能办理支取手续。

(5) 银行通知收到款项。收款人开户银行受理银行汇票后,将实际结算金额划入收款人账户上,并将进账单第三联解讫通知退回收款人,作为收款依据。

(6) 编制记账凭证。出纳人员根据进账单第三联解讫通知,编制记账凭证并交会计审核。

(7) 登记银行存款日记账。出纳人员根据审核无误的记账凭证,序时登记银行存款日记账。同时,在记账凭证中"记账"栏划上记账符号"√",并在记账凭证下方加盖记账人签章。

二、银行本票结算

(一) 银行本票的概念、适用范围和种类

银行本票是银行签发的,承诺自己在见票时无条件支付确定的金额给收款人或者持票人的票据。

银行本票结算适用于单位和个人在同城或同一票据交换区域的商品交易、劳务提供以及其他款项的结算。申请人或收款人是单位的,不得申请签发现金银行本票。

银行本票分为定额本票和不定额本票两种,定额本票是事先印好面额的本票,其面额分别为1 000元、5 000元、10 000元、50 000元四种可供选择。不定额本票是由付款人根据实际需要确定,向银行提出申请,由银行签发的票据。

(二) 银行本票结算的基本规定

银行本票结算有如下规定：

(1) 银行本票一律记名，允许背书转让，但填明"现金"字样的银行本票，不能背书转让。

(2) 银行本票的提示付款期限自出票日起最长不得超过2个月。持票人超过付款期限提示付款的，代理付款人不予受理。银行本票的代理付款人是代理出票银行审核支付银行本票款项的银行。

(3) 银行本票可以用于转账，注明"现金"字样的银行本票可以用于支取现金。

(4) 银行本票见票即付，不予挂失；遗失的不定额银行本票在付款期满后1个月确定未冒领的，可以办理退款手续。

(5) 银行本票的出票人，为经中国人民银行当地分支行批准办理银行本票业务的银行机构。

(6) 不允许签发定期银行本票等远期本票。

(三) 银行本票结算的基本程序

使用银行本票办理银行结算业务，其结算程序及说明如图5-15所示。

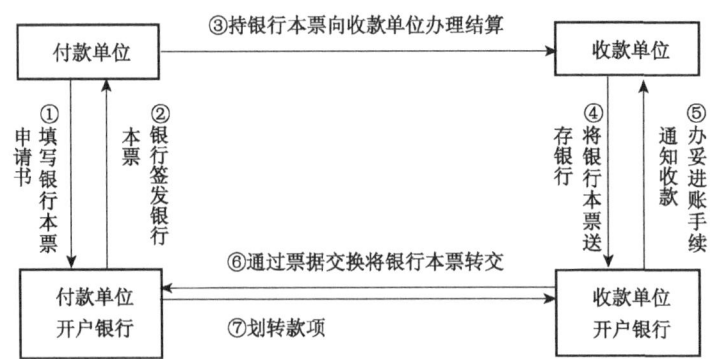

图5-15 银行本票的结算程序

具体来讲，可分为银行本票结算付款业务流程和收款业务流程。

1. 银行本票结算付款业务处理流程

(1) 填写银行本票申请书。申请人办理银行本票时，应向银行填写一式三联的"银行本票业务申请书"，如图5-16所示。详细填明收款人名称、金额、日期等内容，并加盖预留银行印鉴，如个人需支取现金的，还应填明"现金"字样，送本单位开户银行。

> **【小提示】**
>
> 银行汇票申请书一式三联，第一联为存根联，由汇款单位办妥银行汇票后据以编制记账凭证；第二联为银行借方凭证，是出票银行办理从汇款单位的存款账户中付出款项的凭证；第三联为贷方凭证，是出票银行办理银行汇票汇出汇款的凭证。
>
> 未在银行开户的个人办理银行本票时，应先将现金交存银行出纳部门，再办理领取银行本票的手续。

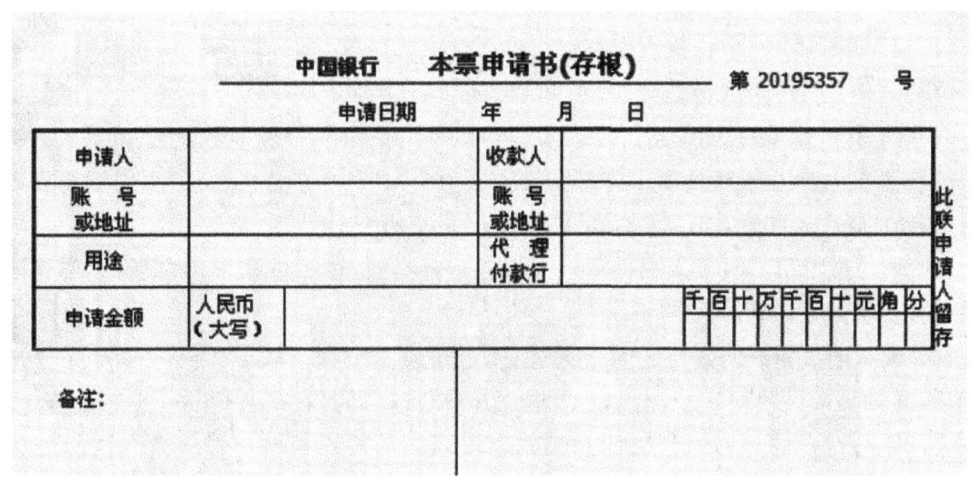

图 5-16　银行本票申请书

（2）申请办理银行本票。银行受理企业递交的一式三联的"银行本票业务申请书"，在收妥款项后，据以签发银行本票，如图 5-17 所示。如签发不定额本票时，需要支取现金的，在银行本票上划去"转账"字样；用于转账的，在银行本票上划去"现金"字样，加盖印鉴，用压数机压印出票金额，将银行本票与加盖银行印章的业务申请书"回单联"一并交给申请人办理结算。

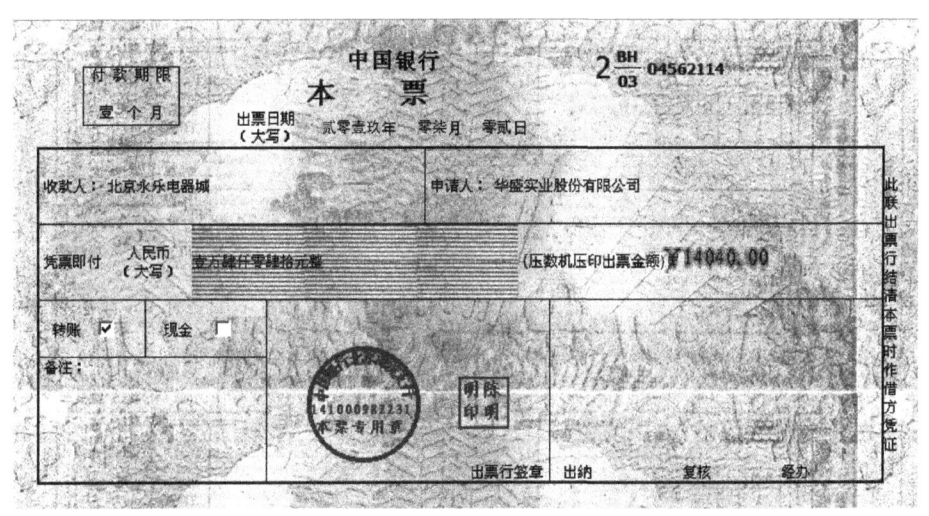

图 5-17　银行本票

（3）编制记账凭证。出纳人员根据加盖付款行印鉴的银行本票申请书"回单联"编制记账凭证，并交会计审核。同时将银行本票交收款人据以收款。

（4）登记银行存款日记账。出纳人员根据审核无误后的记账凭证，序时登记银行存款日记账。同时，在记账凭证中，"记账"栏划上记账符号"√"，并在记账凭证下方加盖记账人签章。

2. 银行本票结算收款业务处理流程

（1）审查银行本票。收款人应在银行本票规定的付款期限（2个月）内，持银行本票到本单位的开户银行办理收款进账手续，逾期银行不予受理。

（2）填写银行本票背面信息。收款人审核银行本票无误后，在本票背面"持票人向银行提示付款签章"处加盖银行预留印鉴。如收款人为个人，在本票背面"持票人向银行提示付款签章"处加盖个人印章，同时需要填写身份证件的名称和号码。

（3）填写进账单。收款人根据审核无误的银行本票，填写进账单，将银行本票连同进账单一并交给开户银行办理进账。

（4）编制记账凭证。银行之间传递凭证，办理资金划拨。收款人开户银行办妥进账手续后，通知收款人收款入账，出纳人员根据开户行退回的"收账通知"联，编制记账凭证，并交会计审核。

（5）登记银行存款日记账。出纳人员根据审核无误的记账凭证，序时登记银行存款日记账。同时，在记账凭证中"记账"栏划上记账符号"√"，并在记账凭证下方加盖记账人签章。

延伸阅读 5-3

银行汇票退票和丧失

申请人因银行汇票超过提示付款期限或其他原因要求退款时，应将银行汇票和解讫通知同时提交到出票银行。出票银行对于转账银行汇票的退款，只能转入原申请人账户；对于符合规定填明"现金"字样银行汇票的退款，才能退付现金。申请人缺少解讫通知要求退款的，出票银行应于银行汇票提示付款期满1个月后办理。银行汇票丧失，失票人可以凭人民法院出具的其享有票据权利的证明，向出票银行请求付款或退款。

第四节 商业汇票结算业务

一、商业汇票的概念、适用范围和种类

1. 商业汇票的概念

商业汇票是指由收款人或付款人（或承兑申请人）签发，由承兑人承兑，并于到期日向收款人或被背书人支付款项的票据。

2. 商业汇票的适用范围

商业汇票结算适用于同城或异地在银行开立存款账户的法人以及其他组织之间，根据购销合同进行合法商品交易所发生的款项结算，没有结算起点的限制。

3. 商业汇票的种类

商业汇票按其承兑人的不同，分为商业承兑汇票和银行承兑汇票。

商业承兑汇票是由收款人签发，交由付款人承兑，或由付款人签发并承兑的票据。商业承兑汇票其承兑人是企业。商业承兑汇票为一式三联：第一联为"卡片"，由承兑人留

存;第二联为"汇票",它是持票人开户行随委托收款凭证及付款人开户行作付款凭证的附件;第三联为"存根",它由出票人存查。

银行承兑汇票是由收款人或承兑申请人签发,并由承兑申请人向开户银行申请,经银行审查同意承兑的票据(如图 5-18 所示)。银行承兑汇票其承兑人是银行。银行承兑汇票为一式三联:第一联为"卡片",由承兑银行留存备查,到期时支付票款作支付凭证附件;第二联为"汇票",它随委托收款凭证及付款人开户行作付款凭证的附件;第三联为"存根",它由出票人存查。

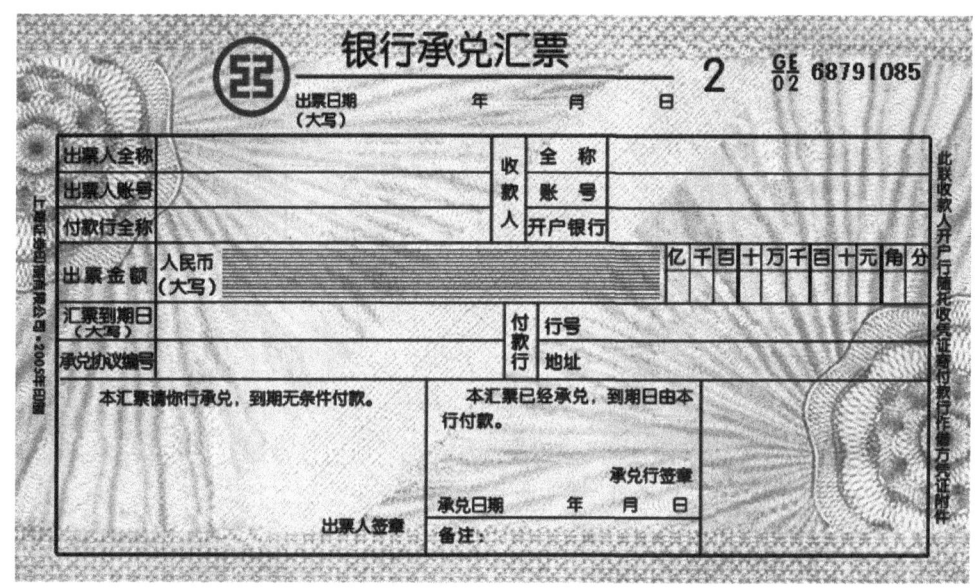

图 5-18 银行承兑汇票

二、商业汇票结算的基本规定

商业汇票结算有如下规定:

(1) 商业汇票一律记名并允许背书转让。

(2) 商业汇票的承兑期限由交易双方商定,最长为 6 个月,到期付款。但未到期前,如需要资金,收款人可向银行申请贴现。

(3) 商业汇票既可以由付款人签发,也可以由收款人签发,但都必须经过承兑。只有经过承兑的商业汇票才具有法律效力,承兑人负有到期无条件付款的责任。

(4) 商业汇票的适用范围相对较窄,各企业、事业单位之间只有根据购销合同进行合法的商品交易,才能签发商业汇票。除商品交易以外,其他方面的结算,如劳务报酬、债务清偿、资金借贷等不可采用商业汇票结算方式。

(5) 商业汇票到期后,一律通过银行办理转账结算,银行不支付现金。商业汇票的提示付款期限自汇票到期日起 10 日内。

三、商业汇票结算的基本程序

（一）商业承兑汇票的基本程序

商业承兑汇票的基本程序如图 5-19 所示。

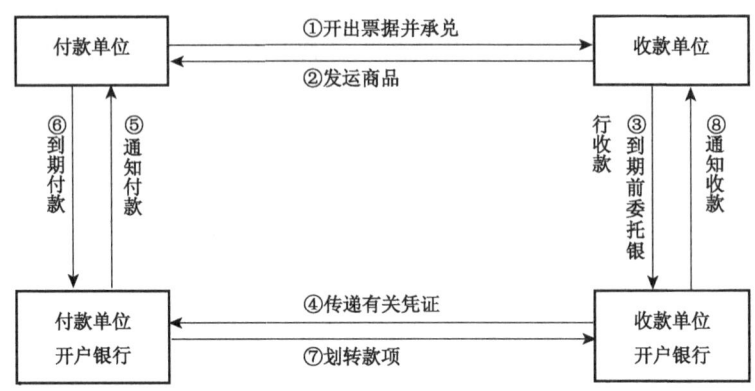

图 5-19　商业承兑汇票的基本程序

1. 签发和承兑商业承兑汇票

商业承兑汇票一式三联(如图 5-20 至图 5-22)，可由收款人签发，也可由付款人签发。汇票签发后，由付款人(即承兑人)在第二联承兑栏加盖预留银行印鉴，并在商业承兑汇票上签署“承兑”字样以示承兑后，将商业承兑汇票交给收款人。

商业承兑汇票（卡片）　1

39008591

出票日期（大写）贰零壹玖年　零柒月　壹拾陆日

付款人	全称	北京明发商贸有限公司	收款人	全称	宏叶制造厂
	账号	9558801009012136441		账号	32015202049903673
	开户银行	中国工商银行北京西城支行		开户银行	中国农业银行北京海淀支行
出票金额		人民币（大写）伍万捌仟伍佰元整		亿千百十万千百十元角分	￥5850000
汇票到期日（大写）		贰零壹玖年壹拾壹月壹拾陆日	付款人开户行	行号	121000999162
交易合同号码		05006		地址	北京西城区百庄西里56号

北京明发商贸有限公司 财务专用章　明陈印晓

出票人签章

备注：

此联承兑人留存

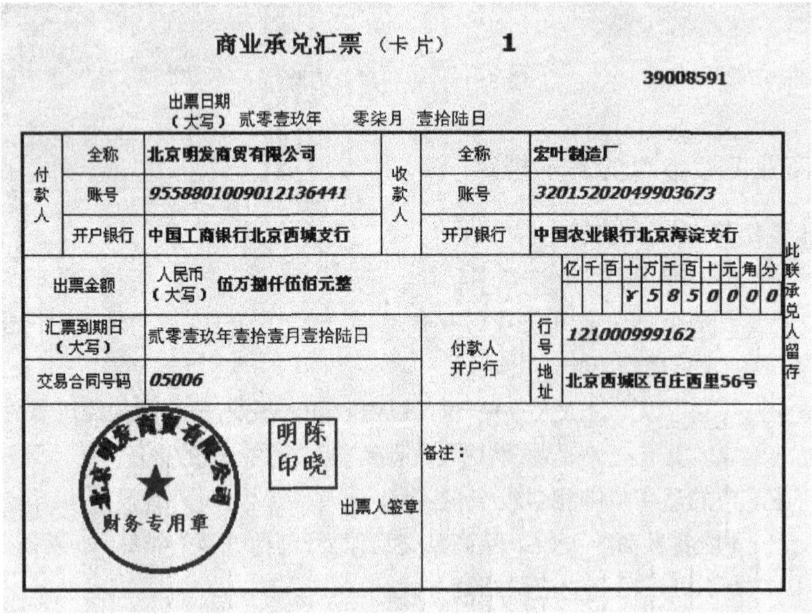

图 5-20　商业承兑汇票第一联(卡片)

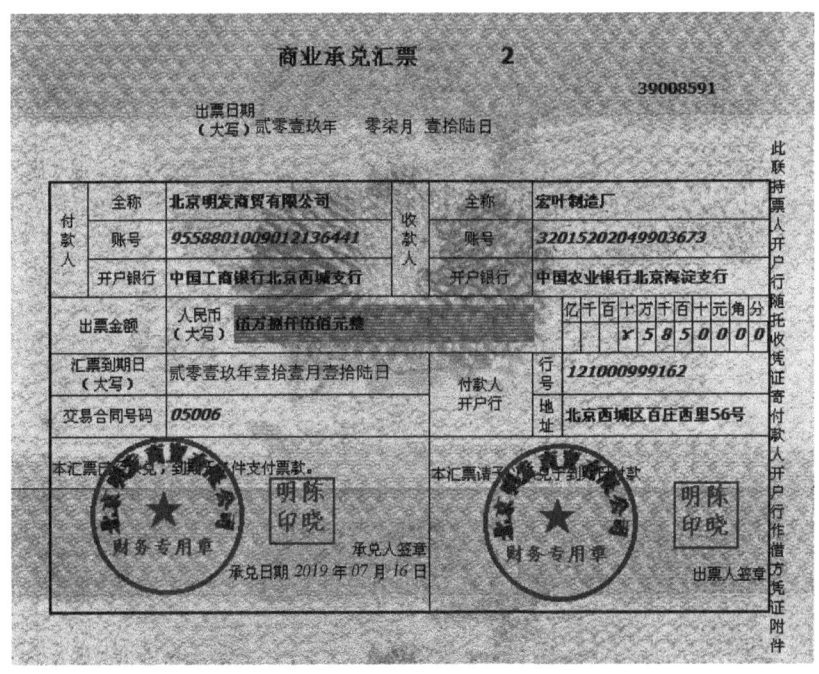

商业承兑汇票 2

39008591

出票日期（大写）贰零壹玖年 零柒月 壹拾陆日

付款人	全称	北京明发商贸有限公司	收款人	全称	宏叶制造厂
	账号	9558801009012136441		账号	32015202049903673
	开户银行	中国工商银行北京西城支行		开户银行	中国农业银行北京海淀支行
出票金额		人民币（大写）伍万捌仟伍佰元整		亿千百十万千百十元角分	¥5850000
汇票到期日（大写）		贰零壹玖年壹拾壹月壹拾陆日	付款人开户行	行号	121000999162
交易合同号码		05006		地址	北京西城区百庄西里56号

本汇票已经承兑，到期无条件支付票款。 承兑人签章 承兑日期 2019 年 07 月 16 日

本汇票请予以承兑于到期日付款 出票人签章

财务专用章 财务专用章

此联持票人开户行随托收凭证寄付款人开户行作借方凭证附件

图 5-21　商业承兑汇票第二联(汇票)

商业承兑汇票（存根） 3

39008591

出票日期（大写）贰零壹玖年 零柒月 壹拾陆日

付款人	全称	北京明发商贸有限公司	收款人	全称	宏叶制造厂
	账号	9558801009012136441		账号	32015202049903673
	开户银行	中国工商银行北京西城支行		开户银行	中国农业银行北京海淀支行
出票金额		人民币（大写）伍万捌仟伍佰元整		亿千百十万千百十元角分	¥5850000
汇票到期日（大写）		贰零壹玖年壹拾壹月壹拾陆日	付款人开户行	行号	121000999162
交易合同号码		05006		地址	北京西城区百庄西里56号
备注					

此联由出票人存查

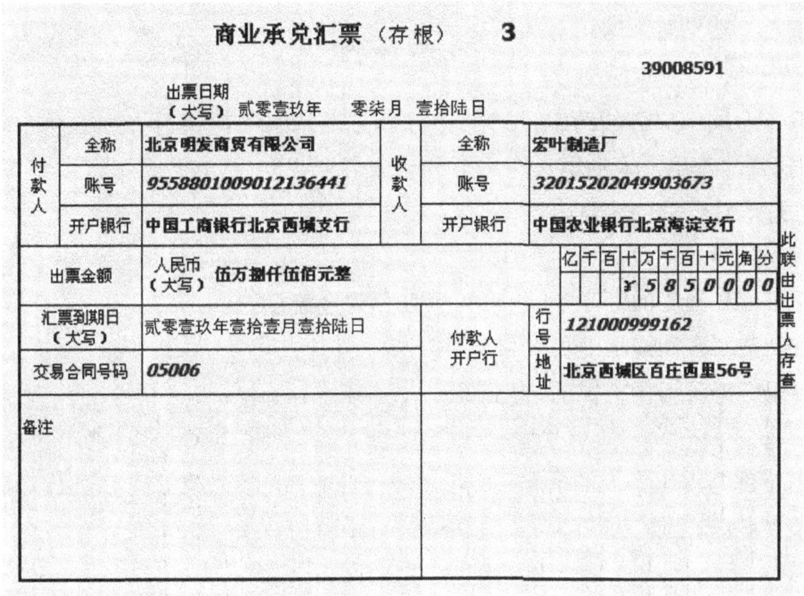

图 5-22　商业承兑汇票第三联(存根)

2. 委托收款

商业汇票的提示付款期限自汇票到期日起10日。持票人应在提示付款期限内通过开户银行委托收款或直接向付款人提示付款，超过提示付款期限提示付款的，持票人开户银行不予受理。

3. 到期兑付

付款人应于商业承兑汇票到期日前积极筹措款项,于到期日前将票款足额交存其开户银行,付款人开户银行收到传来的委托收款凭证和商业承兑汇票后,将款项划给收款人或被背书人。

(二) 银行承兑汇票的基本程序

银行承兑汇票的基本程序如图 5-23 所示。

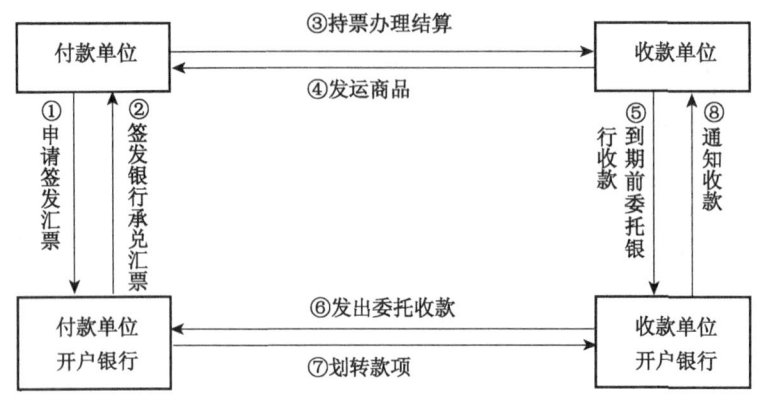

图 5-23 银行承兑汇票的基本程序

银行承兑汇票结算一般可分为下述四个步骤进行。

1. 申请承兑,签发承兑协议

根据购销合同中双方的约定,填写"银行承兑申请书",向银行提出承兑申请。"银行承兑申请书"要加盖出票人的财务专用章和法人名章。同时,向开户银行提交下列材料:

(1) 银行承兑汇票的承兑申请书。

(2) 营业执照。

(3) 上年度和当年的资产负债表、利润表和现金流量表。

(4) 商品交易合同或增值税发票原件及复印件。

(5) 按规定需要提供担保的,提交保证人材料。

(6) 其他。

银行信贷部门对出票人的资格、资信、购销合同和汇票记载的内容进行审核,符合规定和承兑条件的,与出票人签订一式三联的银行承兑协议。

2. 出票并承兑

出纳人员根据有关凭证填制一式三联的银行承兑汇票,并在银行承兑汇票上加盖印章送交银行。银行注明承兑协议编号,在银行承兑汇票的第二联加盖银行印章,用压数机压印汇票金额后交给承兑申请人。

3. 兑取票款

付款人(即承兑申请人)将第二联银行承兑汇票交给收款人。收款人或被背书人应在银行承兑汇票到期时,填写两联银行进账单,然后将银行承兑汇票连同进账单送交其开户银行办理收取票款手续。银行按规定审查无误后,在第一联进账单上加盖"转讫"章作收账通知交给收款人,收款人凭此作收入入账手续。

4. 支付票款

付款人在银行承兑汇票到期前应将其票款足额交存其开户银行,承兑银行在收到承付银行转来的银行承兑汇票和解讫通知以及有关传票后,于银行承兑汇票到期日将款项划出。

【例5-4】 2019年7月22日,华夏有限公司收到从真诚有限公司购买的设备一台,根据购销合同约定,申请其开户银行签发付款期限为3个月的银行承兑汇票一份,用于结算货款。

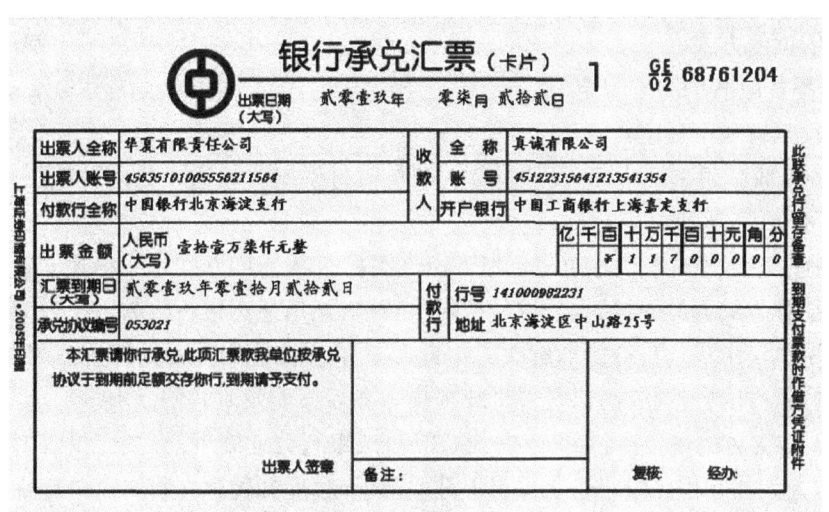

技巧提示 5-2

商业汇票的贴现

所谓贴现,是指汇票持有人在票据到期前,为取得现款,将未到期的商业汇票背书后转让给银行,银行受理后从票据到期值中扣除按银行贴现率计算的贴现息后,将剩余款项付给持票人的票据行为。

持票人申请贴现,申请时应填写一式五联的"贴现凭证",连同商业汇票及相关资料一并送交开户银行申请办理贴现。银行审查无误后,受理持票人贴现并将贴现款转入贴现申请人账户,待汇票到期时贴现银行再向付款人收取款项。

第五节 委托收款和托收承付结算业务

一、委托收款结算方式

(一)概念、适用范围和种类

1. 委托收款结算的概念

委托收款结算是指收款人委托银行向付款人收取款项的结算方式。在银行或其他金融机构开立账户的单位和个体经营户的商品交易、劳务款项以及其他应收款项的结算,均可以使用委托收款结算方式。

2. 委托收款的适用范围

委托收款在同城、异地均可使用,委托收款不受金额起点的限制。

3. 委托收款的种类

委托收款分为邮寄和电报划回两种,收款单位可以根据需要灵活选择。

(1) 邮寄划款是指付款人开户银行通过邮寄向收款人开户银行转送委托收款凭证,提供收款依据的方式。

(2) 电报划款是指以电报方式由付款人开户银行向收款人开户银行转送收款凭证,提供收款依据的方式。

(二) 委托收款的基本规定

委托收款有如下规定:

(1) 委托收款付款期为3天,从付款人开户银行发出付款通知的次日算起,付款期内遇节假日可以顺延。

(2) 银行不负责审查付款单位拒付理由。委托收款结算方式是一种建立在商业信用基础上的结算方式,即由收款人先发货或提供劳务,然后通过银行收款,银行不参与监督,结算中发生争议由双方自行协商解决。因此收款单位在选用此种结算方式时应当慎重,应当了解付款方的资信状况,以免发货或提供劳务后不能及时收回款项。

(3) 无款支付的规定。付款人在付款期满日、银行营业终了前,如无足够资金支付全部款项,即为无款支付。银行于次日上午开始营业时,通知付款人将有关单证在两天内退回开户银行,银行将有关结算凭证连同单证或应付款项证明书退回给收款人开户银行转交收款人。

(三) 委托收款结算的基本程序

使用委托收款结算方式办理结算业务,其具体流程如图5-24所示。

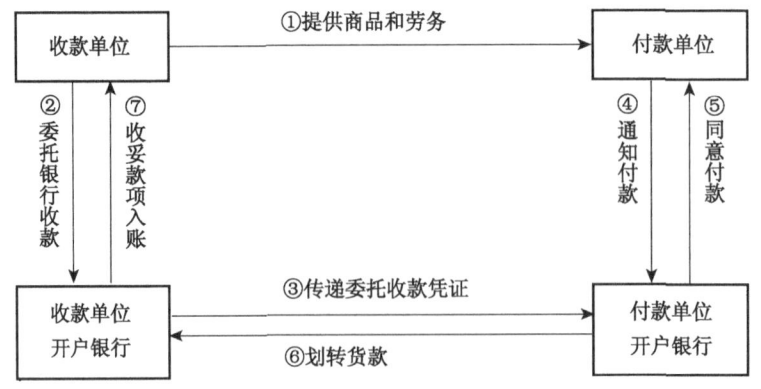

图5-24 委托收款结算的基本程序

具体来讲,可分为委托收款结算收款业务流程和付款业务流程。

1. 委托收款结算收款业务流程

(1) 填写托收凭证。收款人办理委托收款时,应向银行填写委托收款的托收凭证,如图 5-25 至 5-29 所示。将托收凭证连同商业汇票、水电费结算单、话费单等债务证明一并交开户银行办理。

托收凭证 (受理回单) 1

委托日期 年 月 日

业务类型	委托收款(□邮划、□电划) 托收承付(□邮划、□电划)					
付款人	全称		收款人	全称		
	账号			账号		
	地址	省 市县 开户行		地址	省 市县 开户行	
金额	人民币(大写)				亿千百十万千百十元角分	
款项内容		托收凭据名称		附寄单证张数		
商品发运情况			合同名称号码			
备注: 复核 记帐	款项收妥日期 年 月 日		收款人开户银行签章 年 月 日			

此联作收款人开户银行给收款人的受理回单

图 5-25 委托收款凭证第一联(回单)

托收凭证 (贷方凭证) 2

委托日期 年 月 日

业务类型	委托收款(□邮划、□电划) 托收承付(□邮划、□电划)					
付款人	全称		收款人	全称		
	账号			账号		
	地址	省 市县 开户行		地址	省 市县 开户行	
金额	人民币(大写)				亿千百十万千百十元角分	
款项内容		托收凭据名称		附寄单证张数		
商品发运情况			合同名称号码			
备注: 收款人开户银行收到日期 年 月 日	上列款项随附有关债务证明,请予办理。 收款人签章		复核 记帐			

此联收款人开户银行作贷方凭证

图 5-26 委托收款凭证第二联(贷方凭证)

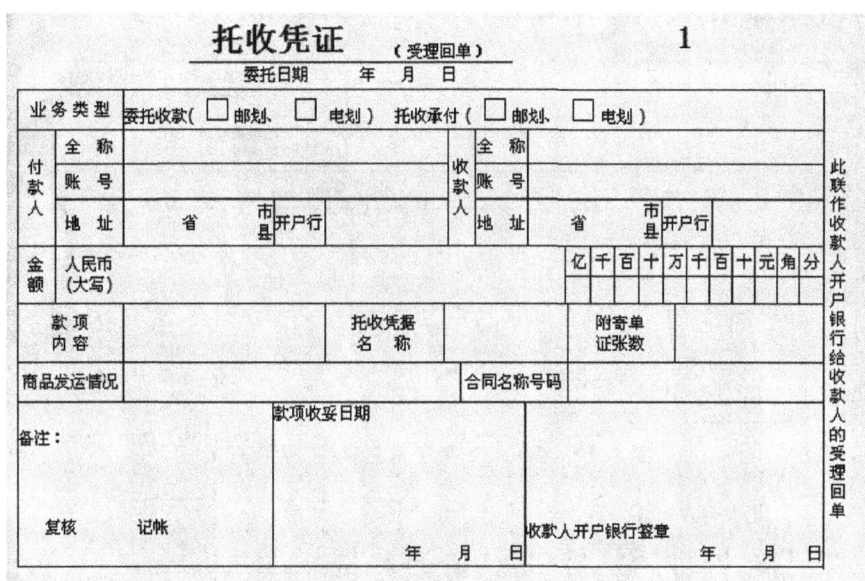

托收凭证 （借方凭证） 3

委托日期 年 月 日

付款期限 年 月 日

业务类型	委托收款（□邮划、□电划） 托收承付（□邮划、□电划）						
付款人	全称			收款人	全称		
	账号				账号		
	地址	省 市县	开户行		地址	省 市县	开户行
金额	人民币（大写）				亿千百十万千百十元角分		
款项内容		托收凭据名称		附寄单证张数			
商品发运情况				合同名称号码			
备注： 付款人开户银行收到日期 年 月 日		收款人开户银行签章 年 月 日		复核 记帐			

此联付款人开户银行作借方凭证

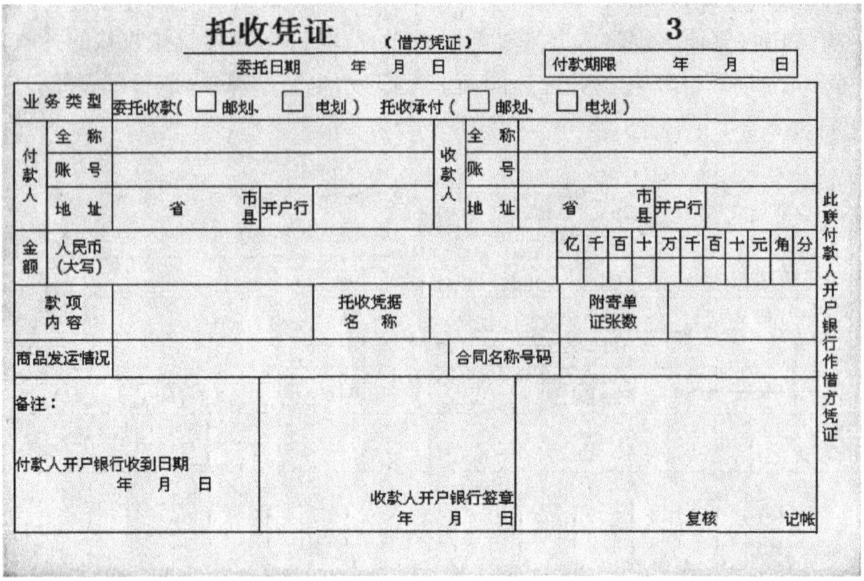

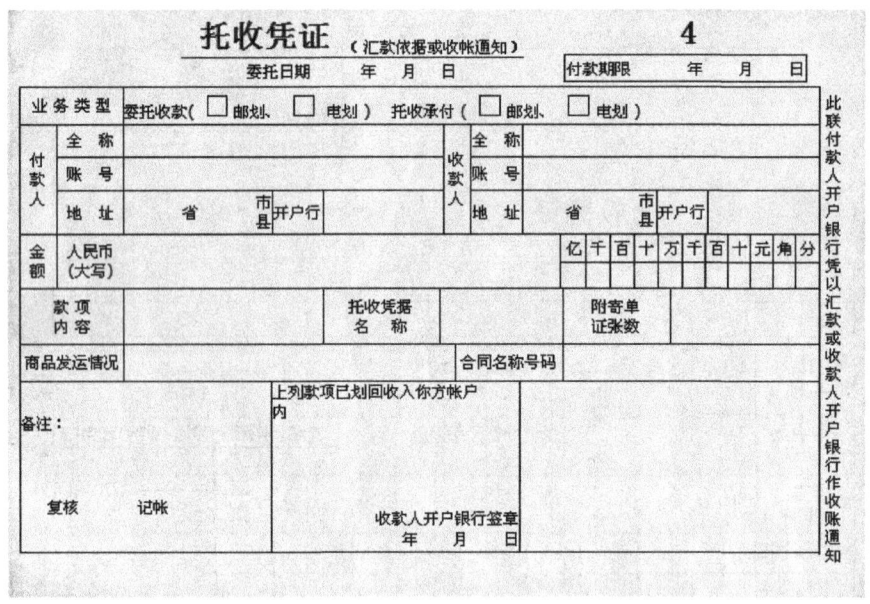

图 5-27 委托收款凭证第三联（借方凭证）

托收凭证 （汇款依据或收帐通知） 4

委托日期 年 月 日

付款期限 年 月 日

业务类型	委托收款（□邮划、□电划） 托收承付（□邮划、□电划）						
付款人	全称			收款人	全称		
	账号				账号		
	地址	省 市县	开户行		地址	省 市县	开户行
金额	人民币（大写）				亿千百十万千百十元角分		
款项内容		托收凭据名称		附寄单证张数			
商品发运情况				合同名称号码			
备注： 复核 记帐		上列款项已划回收入你方帐户内 收款人开户银行签章 年 月 日					

此联付款人开户银行凭以汇款或收款人开户银行作收账通知

图 5-28 委托收款凭证第四联（收账通知）

(2) 银行受理托收业务。收款人开户银行审查受理后，将委托收款的托收凭证第一联“受理回单”上加盖银行业务受理章后退回给收款人。收款人开户银行将有关单证交付款人开户银行，以通知付款人。

(3) 银行通知收款。收款人和付款人的开户银行进行凭证的传递和款项划转后，由收款人开户银行向收款人发出委托收款的托收凭证第四联“收账通知”，通知其办理收款。

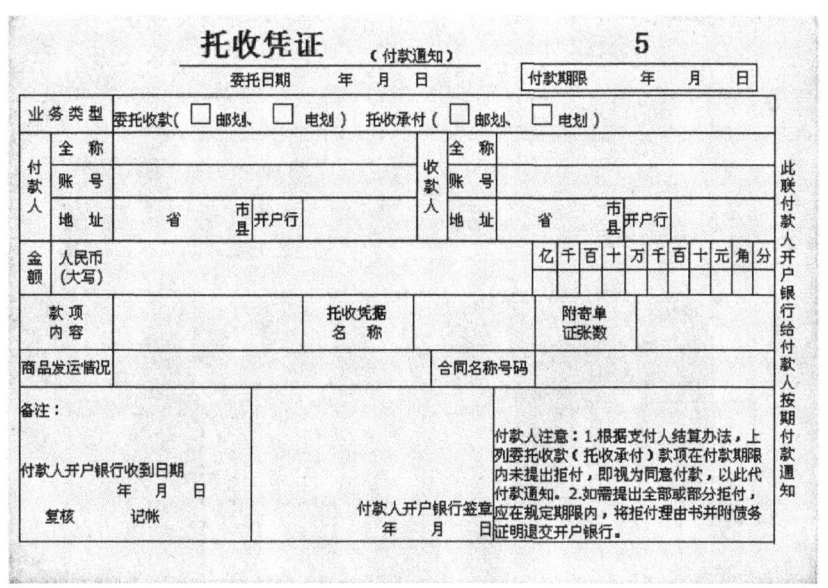

图 5-29 委托收款凭证第五联(付款通知)

(4) 编制记账凭证。出纳人员根据委托收款的托收凭证第四联"收账通知",编制记账凭证,并交会计审核。

(5) 登记银行存款日记账。出纳人员根据审核无误的记账凭证,序时登记银行存款日记账。同时,在记账凭证中"记账"栏划上记账符号"√",并在记账凭证下方加盖记账人签章。

2. 委托收款结算付款业务流程

(1) 审查委托收款凭证。付款人开户银行收到收款人开户银行的委托收款的托收凭证,经审核无误,应及时通知付款人。付款人应认真审核收到的付款通知和有关附件,审查的主要内容包括委托收款凭证是否应由本单位受理,凭证和所附有关单证的内容是否齐全、正确,委托收款金额和实际应付金额是否一致,承付期限是否到期。

(2) 通知开户行付款。若付款人审核无误后,应在规定的付款期限内付款。委托收款的付款期限为3天,从付款人开户银行发出付款通知的次日算起,付款期内遇节假日可以顺延。付款人在付款期内未向银行提出异议,银行视同付款。

(3) 编制记账凭证。出纳人员根据委托收款的托收凭证第五联"付款通知",编制记账凭证,并交会计审核。

(4) 登记银行存款日记账。出纳人员根据审核无误的记账凭证,序时登记银行存款日记账。同时,在记账凭证中"记账"栏划上记账符号"√",并在记账凭证下方加盖记账人签章。

【例 5-5】 2019 年 7 月 10 日,华夏有限责任公司销售给上海天地集团有限公司原材料一批,商品已发出,向其开户银行办理委托收款(邮划),合同编号 20151110。请填制委托收款凭证,并到银行办理委托收款业务。

二、托收承付结算方式

(一) 概念、适用范围和种类

1. 托收承付结算的概念

托收承付结算是指根据购销合同由收款人发货后委托银行向异地购货单位收取货款,购货单位根据合同核对单证或验货后,向银行承认付款的一种结算方式。

2. 托收承付结算的适用范围

托收承付结算方式只适用于异地订有经济合同的商品交易的结算。

3. 托收承付结算的种类

按照结算凭证传递方式的不同,托收承付结算可以分为邮划和电划两种。

托收承付凭证为一式五联:第一联为"回单",它是收款人开户行受理托收承付凭证后给收款人的回单;第二联为"贷方凭证",它是收款人开户行将款项收入收款人账户后的收款凭证;第三联为"借方凭证",它是付款人开户行转账支付的支付凭证;第四联为"收账通知",它是收款人开户银行的收账通知;第五联为"付款通知",它是付款人开户行给付款人按期付款的通知。

(二) 托收承付结算的基本规定

托收承付结算有如下规定:

(1) 托收承付结算每笔的金额起点为 10 000 元,新华书店系统每笔金额起点为 1 000 元。

(2) 使用异地托收承付结算方式的单位,必须是国有企业、供销合作社以及经营管理较好、并经开户银行审查同意的城乡集体所有制工业企业。

(3) 办理托收承付结算的款项,必须是商品交易,以及因商品交易而产生的劳务供应的款项。代销、寄销、赊销商品的款项、不得办理托收承付结算。

(4) 收款人办理托收,必须具有商品确已发运的证明(包括铁路、航运、公路等运输部门签发的运单等)。

(5) 收款人对同一付款人发货托收累计3次收不回货款的,收款银行应暂停向付款人办理托收;付款人累计3次提出无理由拒付的,付款人开户银行应暂停其对外办理托收。

(三) 托收承付结算的基本程序

使用托收承付结算方式办理结算业务,其具体流程如图5-30所示。

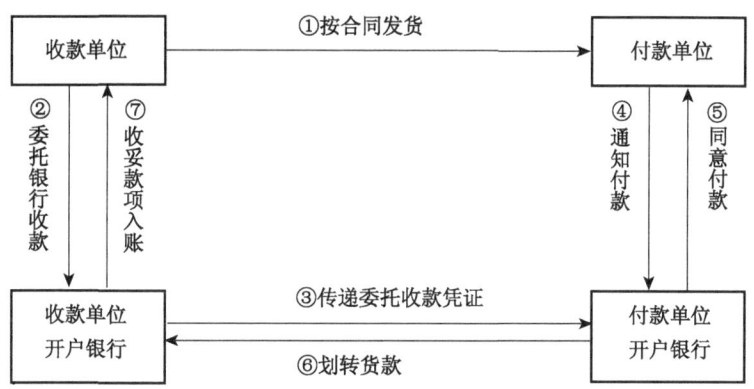

图 5-30 托收承付结算的基本程序

1. 托收承付结算收款业务流程

(1) 填写托收凭证。收款人根据购销合同、发票账单、发运证明等单据,向银行填写托收凭证,将托收凭证连同各种单证一并交开户银行办理。

托收凭证的填制方法与委托收款托收凭证的填制方法相同,这里不再重复阐述。

(2) 银行受理托收业务。收款人开户银行审查受理后,将托收凭证第一联"受理回单"上加盖银行业务受理章后退回给收款人。收款人开户银行将有关单证交付款人开户银行,以通知付款人。

(3) 银行通知收款。收款人和付款人的开户银行进行凭证的传递和款项划转后,由收款人开户银行向收款人发出托收凭证第四联"收账通知",通知其办理收款。

(6) 编制记账凭证。出纳人员根据托收凭证第四联"收账通知",编制记账凭证,并交会计审核。

(7) 登记银行存款日记账。出纳人员根据审核无误的记账凭证,序时登记银行存款日记账。同时,在记账凭证中"记账"栏划上记账符号"√",并在记账凭证下方加盖记账人签章。

2. 托收承付结算付款业务流程

(1) 付款人开户银行收到托收凭证和附件后,经审核无误,应及时通知付款人付款。付款人应在承付期内审查核对。承付货款分为验单付款和验货付款两种,由双方商量选用,并在合同中明确规定。验单付款承付期限为3天,从付款人开户银行发出承兑通知的次日算起;验货付款承付期限为10天,从运输部门向付款人发出提货通知的次日算起。

(2) 通知开户行付款。付款人在付款期内未向银行提出异议,银行视做同意付款,并在付款期满的次日上午银行开始营业时,将款项主动划给收款人。不论是验单付款还是验货付款,付款人都可以在承付期内提前向银行表示承付,并通知银行提前付款,银行应立即办理划款。

(3) 编制记账凭证。出纳人员根据托收凭证第五联"付款通知",编制记账凭证,并交会计审核。

(4) 登记银行存款日记账。出纳人员根据审核无误的记账凭证,序时登记银行存款日记账。同时,在记账凭证中"记账"栏划上记账符号"√",并在记账凭证下方加盖记账人签章。

【小提示】

使用托收承付结算方式,必须是异地订有经济合同的商品交易及相关劳务款项的结算,并且必须签有符合我国《合同法》的购销合同,并在合同上订明使用托收承付结算方式。该结算方式最大的特点是其适用范围受到严格的限制。

第六节 汇兑结算业务

一、汇兑结算的概念、适用范围和种类

1. 汇兑结算的概念

汇兑是指汇款人委托银行将款项汇给收款人的结算方式。

2. 汇兑结算的适用范围

汇兑结算适用于汇款人和异地的单位或个人之间的各种往来款项的结算,包括单位之间的各种款项划拨、个人退休费或劳务费等支付的结算。

3. 汇兑结算的种类

汇兑结算的种类包括以下两种:

(1) 信汇。信汇是指汇款人委托银行通过邮寄方式将款项支付给收款人的结算方式。

(2) 电汇。电汇是指汇款人委托银行通过电报方式将款项划给收款人的结算方式。

二、汇兑结算的基本规定

1. 结算起点的规定

汇兑结算没有起点限制,任何汇款金额均可以办理信汇或电汇结算。

2. 支取现金的规定

需要支取现金的,付款人在信汇或电汇凭证"付款金额"大写金额栏中注明"现金"字

样,收款人携带相关证实收款人身份的证明,到银行一次性办理现金支取手续。

3. 留行待取的规定

汇款人将款项汇往异地时需要派人领取的,在办理汇款时,应在签发的汇兑凭证各联的"收款人账号或地址栏"注明"留行待取"字样。

4. 分次支取的规定

收款人接到汇入行的取款通知后,若收款人需要分次支取,要向汇入银行说明分次支取的原因,经汇入银行同意,以收款人名义设立临时存款账户。该账户只付不收,结清为止,不计利息。

5. 转汇的规定

收款人如需将汇款转到另一地点,应在汇入银行重新办理汇款手续。转汇时,收款人和用途不得更改,汇入银行必须在信汇或电汇凭证上加盖"转汇"戳记。

6. 退汇的规定

汇款人对汇出银行未汇出的款项可以申请撤销;对汇出银行已经汇出的款项可以申请退回。汇入银行对于收款人拒绝接受的汇款,应立即办理退汇。汇入银行对已向收款人发出收款通知两个月后仍无法交付的汇款,应主动办理退汇。

三、汇兑结算的基本程序

使用汇兑结算方式办理结算业务,其具体流程如图5-31所示。

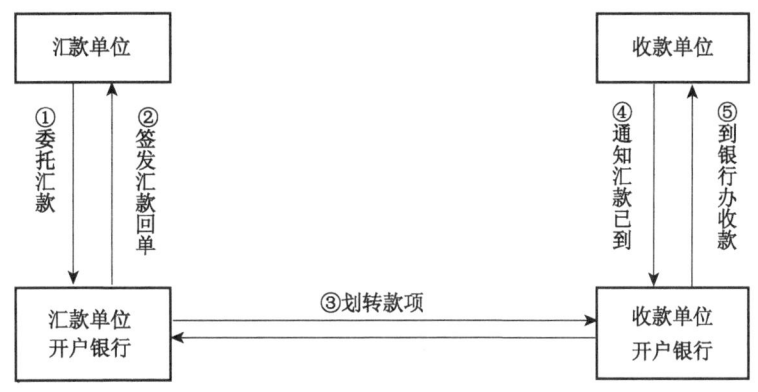

图5-31 汇兑的结算程序

具体来讲,可分为汇兑结算付款业务流程和收款业务流程。

(一)汇兑结算付款业务流程

1. 填写汇兑业务凭证

汇款人委托开户银行办理汇款,进行汇兑结算时,应填制一式三联"汇兑凭证"(如图5-32至图5-34所示),并在第二联"借方凭证"上加盖银行预留印鉴,交给银行办理划款手续。

2. 银行受理汇兑业务

银行对汇款人交来的凭证审核无误后,将第一联"回单联"上加盖银行业务受理章后退回给汇款人,付款人开户行和收款人开户行之间进行凭证传递。

中国工商银行电汇凭证（回单）　　1

委托日期　　年　月　日

汇款人	全　称		收款人	全　称	
	账　号			账　号	
	汇出地点	省　　市/县		汇入地点	省　　市/县
汇出行名称			汇入行名称		
金额	人民币（大写）				亿 千 百 十 万 千 百 十 元 角 分
汇出行签章			支付密码		
			附加信息及用途：		

此联汇出行给汇款人的回单

图 5-32　汇兑凭证第一联(回单)

中国工商银行电汇凭证（借方凭证）　　2

委托日期　　年　月　日

汇款人	全　称		收款人	全　称	
	账　号			账　号	
	汇出地点	省　　市/县		汇入地点	省　　市/县
汇出行名称			汇入行名称		
金额	人民币（大写）				亿 千 百 十 万 千 百 十 元 角 分
此汇款支付给收款人			支付密码		
			附加信息及用途：		
汇款人签章			复核：　　记账：		

此联汇出行作借方凭证

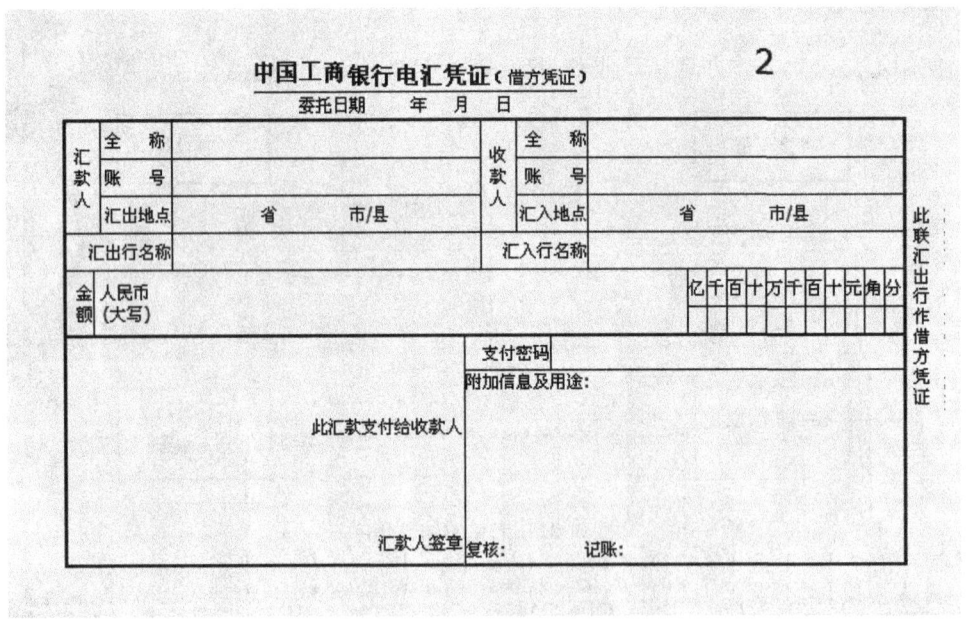

图 5-33　汇兑凭证第二联(借方凭证)

3．编制记账凭证

出纳人员根据汇兑结算凭证回单联，编制记账凭证，并交会计审核。

4．登记银行存款日记账

出纳人员根据审核无误的记账凭证，序时登记银行存款日记账。同时，在记账凭证中“记账”栏划上记账符号“√”，并在记账凭证下方加盖记账人签章。

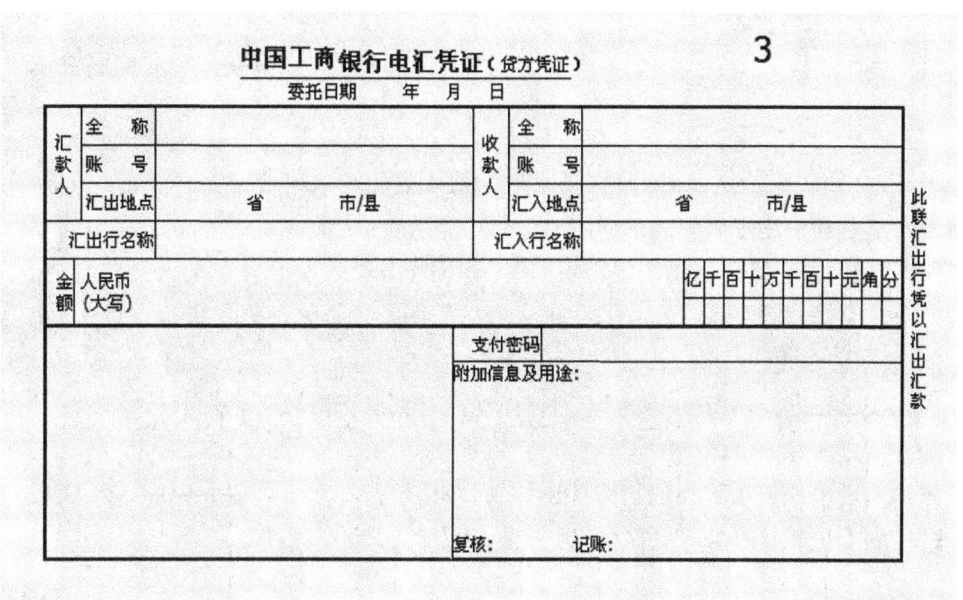

图 5-34 汇兑凭证第三联(贷方凭证)

【例 5-6】 2019 年 7 月 15 日,华夏有限责任公司收到上海中兴贸易有限公司发出的商品及发票合计金额为 22 600 元,货款以电汇方式结算,华夏公司填制电汇凭证并到银行办理。

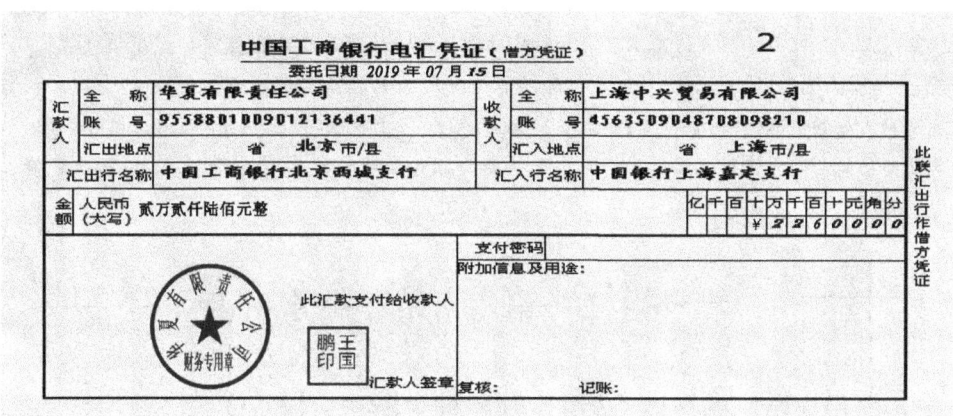

(二) 汇兑结算收款业务流程

1. 开户行通知收款人收款或进账

收款人开户银行在办理资金划拨后,通知收款人汇款已到,收款人办理进账或取款。具体情况如下:

(1) 在银行开立存款账户的收款人,收到银行转来的"资金汇划补充凭证",要认真核对凭证所填收款人是否为本单位,全称和账号是否与本单位一致,金额是否正确,汇款用途是否正确,汇入行是否加盖了银行业务印章。

(2) 未在银行开立存款账户的收款人,信汇、电汇的取款通知为"留行待取",在向汇入银行支取款项时,必须执行以下操作:交验身份证,在信汇、电汇凭证上注明证件名称、号码及发证机关,在"收款人签章"处签章。

(3) 收款人需要转账支付的,应按以下程序进行:原收款人填制支票凭证;向银行交验身份证,办理转账。应注意的是,该账户的款项只能转入单位或个体工商户的存款户,严禁转入储蓄和信用卡账户。

(4) 信汇、电汇凭证上如按规定填明"现金"字样,收款人可以在汇入行支取现金。未填明"现金"字样,需要支取现金的,由汇入行按照国家现金管理规定审查支付。

2. 编制记账凭证

出纳人员根据开户行的"资金汇划补充凭证",编制记账凭证,并交会计审核。

3. 登记银行存款日记账

出纳人员根据审核无误的记账凭证,序时登记银行存款日记账。同时,在记账凭证中"记账"栏划上记账符号"√",并在记账凭证下方加盖记账人签章。

 延伸阅读 5-4

网 上 银 行

网上银行是指通过互联网或专线网络,为客户提供账户查询、转账结算、在线支付等金融服务的渠道,分为个人网上银行和企业网上银行。在银行开立账户、信誉良好的企业客户,包括企业、行政事业单位、社会团体等均可开通企业网上银行。网上银行根据功能、介质和服务对象的不同分为普及版、标准版和中小企业版。

企业网上银行业务功能分为基本功能和特定功能。基本功能是指办妥基本注册手续就能使用的各项功能,包括账户管理、网上汇款、在线支付等功能。特定功能是指需要另行签署协议或另行审批开通后方可使用的业务功能,包括贵宾室、网上支付结算代理、网上收款、网上信用证、网上票据和账户高级管理等业务功能。网上银行结算适用于同城和异地的各种款项的结算,包括网上汇款、网上还贷、在线支付等。

第七节 信用卡结算业务

一、信用卡结算的概念、适用范围和种类

1. 信用卡结算的概念

信用卡是指商业银行向个人和单位发行的,凭以向特约单位购物、消费以及向银行存取现金且具有消费信用的特制载体卡片。

2. 信用卡的种类

(1) 按使用对象分为:单位卡、个人卡。

(2) 按信誉等级分为:金卡、普通卡。

(3) 按币种分为:单币卡、双币卡。

(4) 按是否向发卡银行交存备用金分为：贷记卡、准贷记卡。
(5) 按信息存储介质分为：磁条卡、芯片卡。

我国目前各大银行发行的信用卡主要有中国银行的长城卡、建行的龙卡、工行的牡丹卡、农行的金穗卡、交行的太平洋卡等。卡样如图5-35所示。

图 5-35　信用卡

3. 信用卡的适用范围

凡在中国境内金融机构（经中国人民银行批准发卡机构）开立基本存款账户的单位，可以申请单位卡。单位卡可申请若干张，持卡人资格由申请单位法定代表人或其委托的代理人书面指定或注销。

【小提示】
　　贷记卡、准贷记卡与借记卡三者之间的区别是：贷记卡可以透支，即先消费后还款；借记卡先存款后消费，不能透支；准贷记卡是在社会征信系统不完善的环境下，通过某种担保或预存保证金才可以有条件、有限度地透支消费的信用卡，这种具有"中国特色"的信用卡正在退出金融领域。

二、信用卡结算的基本规定

(1) 单位申请信用卡，应按规定填写申请表，经发卡银行核准，持支票和银行进账单按要求交存一定金额的备用金后，银行为申请单位开立信用卡账户，并发给信用卡。

(2) 单位信用卡账户的资金一律从基本存款账户存入。不得交存现金和销货收入的款项，严禁将单位的款项存入个人卡账户。

(3) 单位卡只能用于10万元以下的商品交易、劳务供应的款项结算，但不得支取现金。

(4) 信用卡在规定的限额和期限内允许善意透支，金卡最高不得超过10 000元，普通卡最高不得超过5 000元。信用卡透支期限最长为60天。关于信用卡透支的利息，依《支付结算办法》的规定,自签单日或银行记账日起15日内按日息0.05%计算。超过15日按日息0.1%计算。超过30日或透支金额超过规定限额的,按日息1.5‰计算,透支计息不分段,按最后期限或最高透支额的最高利率档次计算。

(5) 信用卡仅限于合法持卡人本人使用,不得出租或转借。

(6) 持卡人不需要继续使用信用卡的,应持信用卡主动到发卡银行办理销户。持卡人办理销户时,如果账户内还有余额,属单位卡的,则应将该账户内的余额转入其基本存款账户,不得提取现金;个人卡账户可以转账结清,也可以提取现金。

持卡人透支之后,只有在还清透支本息后,在下列情况下,可以办理销户:①信用卡有效期满45天后,持卡人不更换新卡的;②信用卡挂失满45天后,没有附属卡不更换新卡的;③信用卡被列入止付名单,发卡银行已收回其信用卡45天的;④持卡人死亡,发卡银行已收回其信用卡45天的;⑤持卡人要求销户或担保人撤销担保,并已交回全部信用卡45天的;⑥信用卡账户两年以上未发生交易的;⑦持卡人违反其他规定,发卡银行认为应该取消资格的。发卡银行办理销户,应当收回信用卡。有效信用卡无法收回的,应当将其止付。

 技巧提示 5-3

信用卡的挂失

信用卡丢失后,持卡人应立即持本人身份证件或其他有效证明,并按规定提供有关情况,向发卡银行或代办银行申请挂失。发卡银行或代办银行审核后办理挂失手续。如果持卡人不及时办理挂失手续而造成损失的,则应自行承担该损失;如果持卡人办理了挂失手续而因发卡银行或代办银行的原因给持卡人造成损失的,则应由发卡银行或代办银行承担该损失。

三、信用卡结算的基本程序

使用信用卡结算方式办理结算业务,其具体流程如图 5-36 所示。

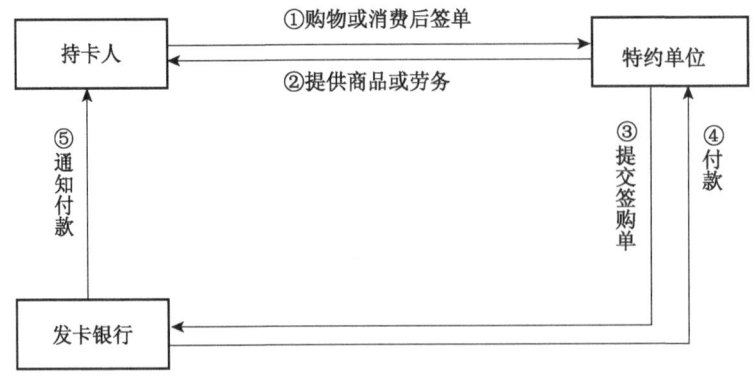

图 5-36 信用卡的结算程序

持卡人持信用卡消费时,应按下述程序进行:

1. 持卡人将信用卡和身份证件一并交特约单位

如果信用卡属智能卡、照片卡,可免验身份证件。特约单位不得拒绝受理持卡人合法持有的、签约银行发行的有效信用卡,不得因持卡人使用信用卡而向其收取附加费用。

2. 特约单位应审查信用卡

特约单位受理信用卡时,应审查下列事项:

(1) 确为本单位可受理的信用卡。

(2) 信用卡在有效期内,未列入止付名单,没有非正常签名的字样。

(3) 签名条上没有"样卡"或"专用卡"等非正常签名的字样。

(4) 信用卡无打孔、剪角、毁坏或涂改的痕迹。

(5) 持卡人身份证或卡片的照片与持卡人相符,但使用智能卡、照片卡或持卡人凭密码在销售点终端上消费、购物,可免验身份证。

(6) 卡片正面的拼音姓名与卡片背面的签名和身份证件上的姓名一致。

3. 办理结算手续

特约单位受理信用卡审查无误的,在签购单上压卡,填写实际结算金额、用途、持卡人身份证件号码、特约单位名称和编号。如超过支付限额的,应向发卡银行索取并填写授权号码,交持卡人签名确认,同时核对其签名与卡片背面签名是否一致。经审查无误后,对同意按经办人填写的金额和用途付款的,由持卡人在签购单上签名确认,特约单位将信用卡、身份证件和第一联签购单交还给持卡人。特约单位在每日营业终了时,应将当日受理的信用卡签购单汇总,计算手续费和净计金额,并填写汇计单和进账单,连同签购单一并送交收单银行办理进账。收单银行接到特约单位送交的各种单据,经审查无误后,为特约单位办理进账。

本章小结

本章主要学习了:银行结算账户的含义及分类;银行结算账户的开立、使用、变更、撤销的基本原则及要求;支票结算业务;银行汇票结算业务;银行本票结算业务;商业汇票结算业务;委托收款结算业务;托收承付结算业务;汇兑结算业务;信用卡结算业务。

本章重要概念

银行结算账户　基本存款账户　一般存款账户　临时存款账户　专用存款账户　支票　银行本票　汇兑　银行汇票　商业汇票　委托收款　托收承付　信用卡

思考与练习

1. 简述银行账户管理的基本原则和要求。
2. 简述单位银行结算账户开设的种类及使用范围。
3. 简述基本存款账户的开设流程。

4. 简述支票结算的使用规定及业务办理程序。
5. 简述银行本票、银行汇票结算的使用规定及业务办理程序。
6. 简述商业汇票结算的使用规定及业务办理程序。
7. 简述汇兑结算的使用规定及业务办理程序。
8. 简述委托收款、托收承付结算的使用规定及业务办理程序。

推荐阅读资料

[1]《人民币银行结算账户管理办法》(2003).
[2]《支付结算办法》(1997).
[3] 高翠莲.出纳业务操作[M].3版.北京:高等教学出版社,2017.
[4] 尹湘萍.出纳岗位实务[M].北京:中国财政经济出版社,2019.

第六章 出纳税收知识

> ➤ 内容简介
> ➤ 学习目的和要求
> ➤ 引例
> ➤ 第一节 税收基础知识
> ➤ 第二节 税务登记
> ➤ 第三节 发票管理
> ➤ 第四节 纳税申报
> ➤ 本章小结
> ➤ 本章重要概念
> ➤ 思考与练习
> ➤ 推荐阅读资料

内容简介

本章主要讲解了税收的本质特征、税收制度基本要素、现行税务机构设置等基础知识；税务登记的范围、地点、内容；发票的类型、适用范围、领购、开具等基本知识；纳税申报的方式、期限及税款缴纳方式。本章重点为掌握发票管理规范，熟悉税务登记处理规范和纳税申报。

学习目的和要求

通过本章学习，学生应了解税收的本质特征、税收制度基本要素、现行税务机构设置等基础知识。熟悉税务登记处理规范、纳税申报和税款缴纳方式。掌握发票的类型、适用范围、领购、开具等发票管理规范。

引例　依法办理涉税业务

某公司是新设立的企业，在办理新设登记手续后开始生产经营。一天，有人上门推销发票，声称因为自己的公司倒闭了，有未使用的发票，不想浪费，愿低价转让。于是，公司财务主管买了两本普通发票，他认为买了此人的发票可以省去跑税务局的时间。

然而，税务机关在例行检查时发现了这个问题，认为该公司的行为违法，对其发出《税务行政处罚告知书》，责令其限期改正，并处以罚款。

试分析，该公司的行为是否违反了税收法律制度？

第一节　税收基础知识

通常来说，纳税相关事宜是属于纳税会计的工作，但是由于中小企业的财务人员有限，不少企业的纳税申报等工作是由出纳人员来完成的。因此，出纳人员掌握一定的税收基础知识是十分必要的。

一、税收的本质特征

税收是国家为了满足一般的社会共同需要，凭借政治权力，按照国家法律规定的标准,强制地、无偿地取得财政收入的一种分配形式。税收是国家取得财政收入以满足社会公共需要最重要的形式,具有其他财政收入形式不可替代的作用,具有以下本质特征。

(一)无偿性

税收的"无偿性"是指国家取得税收收入,不需要对具体纳税人支付任何对等或成比例的报酬,也没有任何偿还的条件或承诺。当然,无可否认的是,我们每一个公民都在享受由税收形成的财政收入所提供的社会公共服务,这就是"取之于民,用之于民"。

(二)强制性

税收的"强制性"是指在税法规定的范围内,任何单位和个人都必须依法及时纳税,否则就要受到法律的制裁。国家对税收收入的取得,只能以国家的权利为依托,采取强制的手段。

(三)固定性

税收的"固定性"是指国家通过法律形式预先规定了纳税人、征税对象和征税标准等,征纳双方都必须遵守,不能随意变动。税收固定性的特征有时间上的连续性和征收比例上的限度性两层意思。

税收的三个本质特征是缺一不可的,是税收区别于其他财政收入的标志。其中,无偿性是税收的核心特征,强制性和固定性则是对无偿性的保证和约束。

二、税收制度基本要素

税收制度是国家制定的,用于规范和调整国家与纳税人征纳双方各自的权利与义务关系的各种法律规范的总称,包括立法机关、政府及有关部门制定的有关税收方面的法律、法规、制度等。税收制度的基本要素由一系列税收专有名词构成。

(一)纳税人

纳税人也称为纳税主体,是税法规定直接负有纳税义务的单位和个人。它明确了国家向谁征税的问题,现行税法中纳税人包括自然人和法人。还有些概念与纳税人相关,需要区分清楚。

1. 负税人

负税人是税款的实际承担者,又叫实际负税人。一般来说,直接税的纳税人就是负税人,而间接税的纳税人则不是负税人。

2. 扣缴义务人

扣缴义务人是指按照税法规定负有为国家扣缴税款义务的单位和个人。扣缴义务人在法律上不承担纳税义务,只承担代替国家扣缴税款的义务,可以说是纳税人和税务机关的中介。比如,工资薪金所得的个人所得税,由发放工资薪金的单位代扣代缴,这些单位就是个人所得税的扣缴义务人。

(二)征税对象

征税对象是征税的客体,是指对纳税人的什么征税。一般来说,按照征税对象的不同,税收可分为流转税、所得税、财产税、行为税、资源税五种类型。

(三) 税目

税目是征税对象的具体化,是税法中规定应征税的具体项目。税目一般分为列举税目和概括税目,列举税目是指用一一列举的方法将同一税种的征税对象进行详细划分;而概括税目则是用概括的方法进行大类划分。

(四) 计税依据

计税依据是征税对象的计量标准,或者说是征税对象的数额。其分为从价计征和从量计征两种类型。纳税人的应纳税额就是根据计税依据和税率计算出来的。

(五) 税率

税率是应纳税额与计税依据之间的比例。税率直接决定着纳税人税收负担的轻重,是体现税收政策的核心环节,也是重要的税收调节杠杆。按照税率的表现形式,税率可以分为以绝对量形式表示的税率和以百分比形式表示的税率。

我国目前主要有以下几种税率:比例税率、定额税率、累进税率,其中多数税采用比例税率;少数税的部分税目采用定额税率或比例税率与定额税率复合计税;少数税的部分税目采用超额累进税率;采用超率累进税率的只有土地增值税。

(六) 纳税环节

纳税环节是指税法规定的从生产到消费的商品流通过程中应当纳税的环节。凡只在一个环节纳税的称为"一次课征制",凡在两个环节征税的称为"两次课征制",在两个以上环节征税的称为"多次课征制"。

(七) 纳税地点

纳税地点是指税法规定的纳税人缴纳税款的具体地点。如纳税人经济活动发生地、居住地、生产经营所在地等。

(八) 纳税期限

纳税期限是指纳税人在发生纳税义务后,应向国家申报缴纳税款的具体期限。它是税收的强制性、固定性在时间上的体现,一般分为按期纳税和按次纳税两种形式。

(九) 税收减免

税收减免是减税和免税的合称,是对某些纳税人或征税对象的鼓励或照顾措施。减税是对应纳税额少征一部分税款,而免税则是对应纳税额全部免征税款。

减、免税体现了税收在固定性基础上的灵活性,是构成税收优惠的主要内容,具体可分为税基式减免、税率式减免和税额式减免三种形式。

1. 税基式减免

税基式减免是通过直接缩小计税依据的方式来实现的减、免税。其涉及的概念包括起征点、免征额、项目扣除、跨期结转等。

(1) **起征点**是计税依据达到税法规定数额开始征税的起点。对计税依据数额未达到起征点的不征税,达到起征点的按全部数额征税。

(2) **免征额**是在计税依据总额中免于征税的数额。它是按一定标准从计税依据总额中预先减除的数额。

(3) 项目扣除是指在计税依据中扣除一定项目的数额,以其余额作为依据计算税额。

(4) 跨期结转是指将以前纳税年度的经营亏损从本年度经营利润中扣除。

2. 税率式减免

税率式减免是通过直接降低税率的方式实现的减、免税。如按规定符合条件的小型微利企业适用的企业所得税税率为20%。

3. 税额式减免

税额式减免是指通过直接减少应纳税额的方式实现的减、免税,包括全部免征、减半征收等。

(十)罚则

罚则又称法律责任,是对税收违法行为采取的处罚措施。罚则是税收强制性在税收制度中的体现,纳税人必须按期缴纳足额的税款,凡有拖欠税款、逾期不缴纳税款、偷税等税收违法行为的,都应受到制裁。

三、现行税务机构设置

现阶段,我国税收征收管理机关有税务机关和海关。税务机关由国家税务总局和各级税务机关构成。

(一)国家税务总局

国家税务总局是我国主管国家税务工作的最高职能机构。该局是国务院正部级直属机构,主要负责拟定和执行国家税收的方针和政策;制定并执行税收管理体制,调动地方管理税收的积极性;负责工商税的征收管理等。

(二)各级税务机关

根据我国行政机构设置,一级政府设置一级税务机构。根据国税地税征管体制改革工作部署,省、市、县三级新税务机构分级挂牌,税务机关设置为四级:即省、自治区、直辖市税务局(以下简称省税务局);地区、地级市、自治州、盟税务局;县、县级市、旗税务局;征收分局或税务所。国家税务总局对各级税务局(分局)实行机构、编制、干部、经费的垂直管理。

另外,关税、船舶吨税由海关系统负责征收管理,海关还负责代征进口产品的增值税和消费税。

第二节 税务登记

税务登记是税务机关依据税法规定,对纳税人的生产、经营活动进行登记管理的一项法定制度,也是纳税人依法履行纳税义务的法定手续。税务登记是整个税收征收管理的起点。

一、税务登记的基本知识

(一)税务登记的范围

根据《中华人民共和国税收征收管理法》(以下简称《税收征收管理法》)的规定,需要办理税务登记的对象主要有四类。

1. 从事生产经营的纳税人

从事生产经营的纳税人主要包括：企业；企业在外地设立的分支机构和从事生产、经营的场所；个体工商户；从事生产、经营的事业单位。

2. 未从事生产经营的纳税人

除国家机关、个人和无固定生产、经营场所的流动性农村小商贩外，未从事生产经营活动但依照法律、法规规定负有纳税义务的单位和个人，也应当按照规定办理税务登记。

3. 扣缴义务人

根据税收法律、法规的规定，负有扣缴税款义务的扣缴义务人（国家机关除外），应当办理扣缴税款登记。

4. 外出经营的纳税人

从事生产、经营的纳税人外出经营，需办理外出经营报验登记；若自其在同一县（市）实际经营或提供劳务之日起，在连续的12个月内累计超过180天的，应当在生产、经营所在地税务机关办理税务设立登记。

根据《税收征收管理法》的规定，临时取得应税收入或发生应税行为以及只缴纳个人所得税、车船税的纳税人，可不办理税务登记。

（二）税务登记的地点

县以上（含本级，下同）税务局（分局）是税务登记的主管税务机关，负责税务登记的设立登记、变更登记、注销登记和税务登记证验证、换证以及非正常户处理、报验登记等有关事项。

县以上税务局（分局）按照国务院规定的税收征收管理范围，实施属地管理。

二、税务登记的内容

我国现行税务登记包括设立（开业）税务登记、变更税务登记、注销税务登记、外出经营报验登记及停业、复业登记等。

（一）设立税务登记

自2015年10月1日起，新设企业和农村专业合作社领取由工商行政管理部门核发的加载法人和其他组织统一社会信用代码的营业执照后，无需再次进行税务登记，不再领取税务登记证。企业办理涉税事宜时，在完成补充信息采集后，凭加载统一代码的营业执照可代替税务登记证使用。除此之外，其他税务登记按照原有法律制度执行。

延伸阅读6-1

五 证 合 一

"五证"是指营业执照、组织机构代码证、税务登记证、社会保险登记证和统计登记证。浙江在全国率先实行营业执照、组织机构代码证、税务登记证、社会保险登记证和统计登记证"五证合一"登记制度（以下简称"五证合一"），并从2015年7月1日起实行。2016年6月30日，国务院办公厅发布了《关于加快推进"五证合一、一照一码"登记制度改革的通知》国办发〔2016〕53号，从2016年10月1日起，全国范围内实施"五证合一""一照一码"登记,各地在原有的工商营业执照、组织机构代码证、税务登记证"三证合一"改革基础上,整合社会保险登记证和统计登记证,推进"五证合一"改革。

"五证合一、一照一码"登记制度以标准统一规范、信息共享互认、流程简化优化和服务便捷高效为指导原则。全面实行"一套材料、一表登记、一窗受理"的工作模式,申请人办理企业注册登记时只需填写"一张表格",向"一个窗口"提交"一套材料"。登记部门直接核发加载统一社会信用代码的营业执照,相关信息在全国企业信用信息公示系统公示,并归集至全国信用信息共享平台。企业不再另行办理社会保险登记证和统计登记证。制定统一的信息标准和传输方案,改造升级各相关业务信息系统和共享平台,健全信息共享机制,做好数据的导入、整理和转换工作,确保数据信息落地到工作窗口,并在各相关部门业务系统有效融合使用。

(二)变更税务登记

变更税务登记是指纳税人办理设立税务登记后,因登记内容发生变化,需要对原有登记内容进行更改,而向主管税务机关申请办理的税务登记。

纳税人原税务登记内容发生变化的,应办理变更税务登记。纳税人提交的有关变更登记的证件、资料齐全的,应如实填写税务登记变更表,符合规定的,税务机关应当日办理;不符合规定的,税务机关应通知其补正。

(三)注销税务登记

注销税务登记是指纳税人由于出现法定情形终止纳税义务时,向原税务机关申请办理的取消税务登记的手续。

纳税人发生以下情形的,向主管税务机关申报办理注销税务登记:

(1)因解散、破产、撤销等情形,依法终止纳税义务的。

(2)按规定不需要在工商行政管理机关或者其他机关办理注销登记,但经有关机关批准或者宣告终止的。

(3)被工商行政管理机关吊销营业执照或者被其他机关予以撤销登记的。

(4)因住所、经营地点变动,涉及改变税务登记机关的。

(5)外国企业常驻代表机构驻在期届满、提前终止业务活动的。

(6)境外企业在中华人民共和国境内承包建筑、安装、装配、勘探工程和提供劳务,项目完工,离开中国的。

(7)非境内注册居民企业经国家税务总局确认终止居民身份的,应当自收到主管税务机关书面通知之日起15日内,向主管税务机关申报办理注销税务登记。

现行税务登记除包括以上三项主要内容外,还包括实行定期定额征收的个体工商户需要停业、复业时办理的停业、复业登记,以及纳税人到外县(市)临时从事生产经营活动时办理的外出经营报验登记等。

第三节 发票管理

根据《中华人民共和国发票管理办法》(以下简称《发票管理办法》)的规定,国务院税务主管部门(即国家税务总局)统一负责全国的发票管理工作;省、自治区、直辖市税务局

(以下简称省税务局)依据各自的职责,共同做好本行政区域内的发票管理工作。发票准印证由国家税务总局统一监制,省税务局核发。全国范围内发票换版由国家税务总局确定;省、自治区、直辖市范围内发票换版由省税务局确定。禁止私自印制、伪造、变造发票。

一、发票的类型和适用范围

(一) 发票的类型

发票是指在购销商品、提供或者接受服务以及从事其他经营活动中,开具、收取的收付款凭证。按领购使用范围不同,发票主要分为普通发票和增值税专用发票。

1. 增值税普通发票

增值税普通发票,包括增值税普通发票(折叠票)、增值税电子普通发票和增值税普通发票(卷票)(如图6-1所示)。

76mm×177.8mm　　　　　57mm×177.8mm

图6-1　增值税普通发票(卷票)票样

2. 增值税专用发票

增值税专用发票,包括增值税专用发票(如图6-2所示)和机动车销售统一发票。

除增值税普通发票和增值税专用发票之外,还有特定范围使用的其他发票,包括农产品收购发票、门票、定额发票、客运发票等。

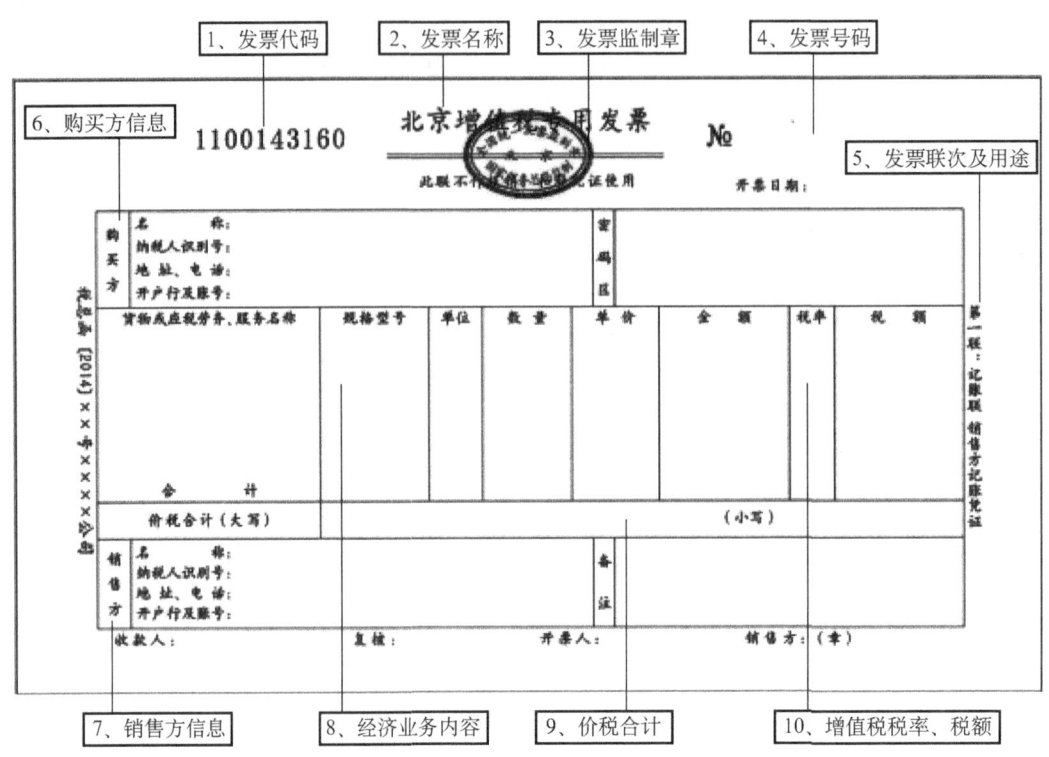

图 6-2 增值税专用发票(记账联)票样

(二) 发票的适用范围

(1) 增值税一般纳税人销售货物、提供加工修理修配劳务或发生应税行为,使用增值税发票管理系统开具增值税专用发票、增值税普通发票(折叠票)、机动车销售统一发票、增值税电子普通发票。

(2) 增值税小规模纳税人销售货物、提供加工修理修配劳务或发生应税行为,一般使用增值税发票管理系统开具增值税普通发票(折叠票)、机动车销售统一发票、增值税电子普通发票。为了贯彻落实党中央、国务院决策部署,进一步优化营商环境,支持民营经济和小微企业发展,便利纳税人开具和使用增值税发票,国家税务总局出台规定,软件和信息技术服务业等行业小规模纳税人发生增值税应税行为,需要开具增值税专用发票的,可以自愿使用增值税发票管理系统自行开具。

此外,增值税普通发票(卷票)由纳税人自愿选择使用,重点在生活性服务业纳税人中推广。

延伸阅读 6-2

关于扩大小规模纳税人自行开具增值税专用发票试点范围等事项的公告
国家税务总局公告 2019 年第 8 号

为了贯彻落实党中央、国务院决策部署,进一步优化营商环境,支持民营经济和小微企业发展,便利纳税人开具和使用增值税发票,现决定扩大小规模纳税人自行开具增值税专用发票试点范围、扩大取消增值税发票认证的纳税人范围。有关事项公告如下：

一、扩大小规模纳税人自行开具增值税专用发票试点范围。将小规模纳税人自行开具增值税专用发票试点范围由住宿业、鉴证咨询业、建筑业、工业、信息传输、软件和信息技术服务业，扩大至租赁和商务服务业、科学研究和技术服务业、居民服务、修理和其他服务业。上述8个行业小规模纳税人（以下称"试点纳税人"）发生增值税应税行为，需要开具增值税专用发票的，可以自愿使用增值税发票管理系统自行开具。

试点纳税人销售其取得的不动产，需要开具增值税专用发票的，应当按照有关规定向税务机关申请代开。

试点纳税人应当就开具增值税专用发票的销售额计算增值税应纳税额，并在规定的纳税申报期内向主管税务机关申报缴纳。在填写增值税纳税申报表时，应当将当期开具增值税专用发票的销售额，按照3%和5%的征收率，分别填写在《增值税纳税申报表》（小规模纳税人适用）第2栏和第5栏"税务机关代开的增值税专用发票不含税销售额"的"本期数"相应栏次中。

二、扩大取消增值税发票认证的纳税人范围。将取消增值税发票认证的纳税人范围扩大至全部一般纳税人。一般纳税人取得增值税发票（包括增值税专用发票、机动车销售统一发票、收费公路通行费增值税电子普通发票，下同）后，可以自愿使用增值税发票选择确认平台查询、选择用于申报抵扣、出口退税或者代办退税的增值税发票信息。

增值税发票选择确认平台的登录地址由国家税务总局、各省、自治区、直辖市和计划单列市税务局确定并公布。

三、本公告自2019年3月1日起施行。《国家税务总局关于纳税信用A级纳税人取消增值税发票认证有关问题的公告》（国家税务总局公告2016年第7号发布，国家税务总局公告2018年第31号修改）、《国家税务总局关于全面推开营业税改征增值税试点有关税收征收管理事项的公告》（国家税务总局公告2016年第23号发布，国家税务总局公告2018年第31号修改）第五条、《国家税务总局关于在境外提供建筑服务等有关问题的公告》（国家税务总局公告2016年第69号发布，国家税务总局公告2018年第31号修改）第十条、《国家税务总局关于按照纳税信用等级对增值税发票使用实行分类管理有关事项的公告》（国家税务总局公告2016年第71号）第二条、《国家税务总局关于开展鉴证咨询业增值税小规模纳税人自开增值税专用发票试点工作有关事项的公告》（国家税务总局公告2017年第4号发布，国家税务总局公告2018年第31号修改）、《国家税务总局关于进一步明确营改增有关征管问题的公告》（国家税务总局公告2017年第11号发布，国家税务总局公告2018年第31号修改）第九条、《国家税务总局关于增值税发票管理若干事项的公告》（国家税务总局公告2017年第45号发布，国家税务总局公告2018年第31号修改）第二条、《国家税务总局关于纳税信用评价有关事项的公告》（国家税务总局公告2018年第8号）第四条第一项同时废止。

特此公告。

国家税务总局
2019年2月3日

二、发票的领购、开具和使用

（一）发票的领购

1. 发票的领购对象

（1）依法办理税务登记的单位和个人，可以申请领购发票，属于法定的发票领购对象。

(2) 依法不需要办理税务登记的单位,可以凭购销商品、提供或者接受服务以及从事其他经营活动的书面证明、经办人身份证明,直接向经营地税务机关申请代开发票。

(3) 临时到外地从事生产经营活动的单位和个人,凭所在地税务机关开具的《外出经营税收管理证明》,在办理纳税担保的前提下,可向经营地税务机关申请领购经营地的发票。

2. 发票的领购方式

税务机关在发售发票时,应当按照核准的收费标准收取工本管理费,并向购票单位和个人开具收据。发票工本费征缴办法按照国家有关规定执行。

需要领购发票的单位和个人,应当持税务登记证件、经办人身份证明、按照国务院税务主管部门规定式样制作的发票专用章的印模,向主管税务机关办理发票领购手续;主管税务机关根据领购单位和个人的经营范围和规模,确认领购发票的种类、数量以及领购方式,发给发票领购簿。通常情况下,纳税人领购发票时,需持发票领购簿、经办人身份证明及已用发票存根联,到税务机关缴销、领购发票,并缴纳发票工本费。

根据用票单位和个人的具体情况,领购普通发票的方式有以下几种。

(1) 批量供应。**批量供应**指税务机关根据用票单位和个人一定时期经营业务量的大小和发票使用量多少,合理核定发票领购量,并据以发放的一种方式。这种方式一般适用于经营规模较大、财务制度健全、发票管理严格、发票使用量较大的单位。

(2) 验旧购新。**验旧购新**指用票单位和个人在购买新发票时,必须将已填开的发票存根联送交税务机关,税务机关负责对其发票的填开情况进行审核,经审核无误后,允许其领购新的发票,并将交来的已填开的发票存根联退还给用票单位和个人保管。这种方式一般适用于经营规模和用票量都较小,建立了财务制度和发票管理制度的单位及经营活动比较稳定的个体工商户。

(3) 交旧购新。交旧购新方式与验旧购新方式的管理内容基本相同。验旧购新方式下,已查验的发票存根联可以由用票单位和个人自行保管;而交旧验新方式下,发票存根联一般由税务机关归档保管。这种方式一般适用于会计核算制度不健全,经营流动性较大,较易发生短期经营行为,纳税意识不强的用票单位和个人。

【例6-1】 承引例,某新设立公司的财务主管向上门推销发票的个人买了两本普通发票,并开具使用。税务机关在例行检查时发现了这个问题,认为该公司的行为违法,对其发出《税务行政处罚告知书》,责令其限期改正,并处以罚款。

分析:《发票管理办法》第三十九条规定,知道或者应当知道是私自印制、伪造、变造、非法取得或者废止的发票而受让、开具、存放、携带、邮寄、运输的,由税务机关处1万元以上5万元以下的罚款;情节严重的,处5万元以上50万元以下的罚款;有违法所得的予以没收。第十五条规定,需要领购发票的单位和个人,应当持税务登记证件、经办人身份证明、按照国务院税务主管部门规定式样制作的发票专用章的印模,向主管税务机关办理发票领购手续;主管税务机关根据领购单位和个人的经营范围和规模,确认领购发票的种类、数量以及领购方式,在5个工作日内发给发票领购簿。

该公司购买发票的行为是违法的,应该依法领购、开具使用发票。

(二) 发票的开具和使用

1. 发票的开具

开具发票是指取得收入或支付款项的单位或个人,将经济业务活动的主要内容,按照规定和需要在发票上予以载明的活动。《发票管理办法》第二十七条规定:"开具发票的单位和个人应当建立发票使用登记制度,设置发票登记簿,并定期向主管税务机关报告发票使用情况。"

填开发票的单位和个人必须在发生经营业务确认营业收入时开具发票。未发生经营业务一律不准开具发票。同时,开具发票应注意以下要求:

(1) 向消费者个人零售小额商品或者提供零星服务的,是否可免予逐笔开具发票,由省税务局确定。

(2) 红字发票的填开。开具发票后,如发生销货退回需开红字发票的,必须收回原发票并注明"作废"字样或取得对方有效证明。开具发票后,如发生销售折让的,必须在收回原发票并注明"作废"字样后重新开具销售发票或取得对方有效证明后开具红字发票。

(3) 保证开具发票的真实、完整。单位和个人在开具发票时,必须做到按照号码顺序填开,填写项目齐全,内容真实,字迹清楚,全部联次一次打印,内容完全一致,并在发票联和抵扣联加盖发票专用章。

(4) 开具发票应当使用中文。民族自治地方可以同时使用当地通用的一种民族文字。

(5) 不得扩大使用范围和超限额填开。用款单位和个人填开发票,不得超越规定的生产经营范围、不得自行扩大发票的使用范围;发票只能在票面限额规定的范围内填开,超限额填开一律无效。

会计职业道德 6-1

坚持会计准则,提高服务质量

7月29日,采购部赵经理采购材料一批,价税合计为79 100元,购销双方一手交钱一手交货,并取得增值税专用发票一张。8月2日,赵经理办理完进料、入库等手续后,持发票到财务报账。出纳王小红在审核取得的增值税专用发票时,发现发票上本公司名称写错了,"华夏有限责任公司"错写成了"华厦有限责任公司",该发票不符合发票管理规定,不能入账。

赵经理连忙与销售单位联系,销售单位说,发票已经跨月了,销售单位已按发票确认销项税额,不能作废重开了。看着手里入不了账的发票,赵经理赶紧咨询了财务部李经理,李经理说:"我们给销货单位提供开具红字发票的证明,由销货单位向其所在地税务局提出申请,经税务局批准后,销货单位就可以开出红字发票冲抵开错的那张发票,然后再重新开具一张正确的发票。"

出纳王小红做得很好,正是由于她的细致审核,才发现了细微的差错。但是,作为财务部的会计人员,还应不断学习专业知识,提高会计技能,从而更好地提高服务质量。

2. 发票的使用

所有单位和从事生产经营活动的个人在购买商品、接受服务以及从事其他经营活动支付款项时,应当向收款方取得发票。应做到：规范取得发票，有权拒绝接受不合规定的发票；检查发票的外在形式，能够对伪造发票和变造发票进行识别；对发票开具情况进行审查，检查发票内容是否完整、规范、真实、准确。使用发票的单位和个人应当妥善保管发票；发生发票丢失情形时，应当于发现丢失当日书面报告税务机关，并登报声明作废。

> **技巧提示 6-1**
>
> **发票真伪鉴别方法**
>
> 作为单位的出纳人员，当取得发票时，应对其进行真伪鉴别。常见又实用的鉴别方法如下：
> (1) 看发票监制章，发票监制章是识别发票真伪的重要标志。
> (2) 看发票联是否采用防伪专用纸来识别，发票用纸是国家税务总局统一供应的用纸。
> (3) 看发票版本。我国发票会不定期换版，如果已经换版本有一段时间了，对方还是用老版本发票，那就有可能是假发票。
> (4) 如果有发票防伪鉴别仪器，对通过检测的发票，鉴别仪器自动发出复合信息防伪特征验证通过的语音提示。

第四节 纳 税 申 报

一、纳税申报的基本知识

《税收征收管理法》规定，纳税人必须依照法律、行政法规规定的申报期限、申报内容如实办理纳税申报，报送纳税申报表、财务会计报表以及税务机关根据实际需要要求纳税人报送的其他纳税资料。

(一) 纳税申报的方式

纳税申报的方式是纳税人依法向税务机关办理纳税申报时采用的具体方式，由主管税务机关根据纳税人的具体情况确定。

1. 直接申报方式

直接申报方式是指纳税人、扣缴义务人持纳税申报表等相关资料，在纳税申报期内直接到当地主管税务机关设立的纳税服务大厅进行纳税申报。无论是在过去手工操作方式下还是在当前计算机征管方式下，直接申报方式一直是我国主要的纳税申报方式。

2. 电子申报方式

电子申报也称数据电文申报，是指经税务机关批准的纳税人通过电子数据交换和网络传输等电子方式办理纳税申报的方式。电子申报具有准确、快捷、方便等特点，是我国重点推广的纳税申报方式。如互联网上报税，纳税人只要登录税务机关网站，就可以填写、申报表格，完成纳税申报。

3. 邮寄申报方式

邮寄申报是指纳税人经税务机关批准，在规定的纳税期限内，将填制好的纳税申报资料通过邮寄的方式向当地税务机关进行纳税申报。邮寄申报适用于到税务机关上门办理纳税申报有困难的纳税人或扣缴义务人。采取邮寄申报方式的,应当使用统一的纳税申报专用信封,以邮政部门收据作为申报凭据,邮寄申报以寄出地的邮戳日期为实际申报日期。

4. 简易申报方式

简易申报是以缴纳税款凭证代替申报或简并征期。

(1) 以缴纳税款凭证代替申报是指纳税人按照税务机关核定的税额按期缴纳税款,以税务机关开具的完税凭证代替纳税申报;

(2) 简并征期是指纳税人按照税务机关核定的税额和指定期限,每几个月或半年或一年一次进行纳税申报。

这两种方式都是简化纳税手续、降低纳税人纳税成本的方式。实行定期定额缴纳税款的纳税人,经税务机关批准,可以实行简易申报方式。

(二) 纳税申报的期限

具体来说,纳税期限包括税款结算期与税款申报缴纳期。

1. 税款结算期

税款结算期也称税款计算期,是纳税人结算税款并向主管税务机关办理纳税申报手续的期限间隔。如按月结算的纳税人,其税款结算期一般为每个月的第一天到最后一天。

2. 税款申报缴纳期

税款申报缴纳期指纳税人在结算期满后,进行税款申报并将税款缴纳入国库的期限。如以一个月为结算期的纳税人,其税款申报缴纳期一般为期满后的 15 日。

纳税人办理纳税申报规定期限的最后一日是法定节假日的,以休假日期满的次日为最后一日;在期限内有连续 3 日以上法定休假日的,按休假日天数顺延。

【小提示】

如果纳税人在规定的纳税申报期内,按照计税依据计算申报的应纳税额为零,也应向税务机关办理申报,这种情况称为零申报。

二、税款缴纳方式

缴纳税款是纳税人依法将应纳税款缴入国库的过程,也是税务机关依法将税款征收入库的过程。一般而言,纳税人应根据其财务数据,按期缴纳税款。但由于纳税人的生产经营状况、财务管理水平等各不相同,税务机关有权根据税收制度来确定不同纳税人的税款缴纳方式。

(一) 自核自缴

自核自缴是指企业依照税收法律、法规规定,自行计算应纳税额,自行填写纳税申报表,自行填写税收缴款书并到银行解缴税款的方法。

这种方式适用于生产规模较大,财务会计制度健全,会计核算准确,能够依法核算与计缴税款的企业。

（二）申报核实缴纳

申报核实缴纳是指企业自行计算应纳税额并填写纳税申报表，在规定期限内携带相关资料办理纳税申报，税务机关依法审核企业报送的纳税申报表、财务会计报表和其他纳税资料后，填开缴款书或完税凭证，由纳税人到银行划解税款。

这种方式适用于财务会计制度基本健全，会计核算较为准确，能够认真履行纳税义务的纳税单位。

（三）申报查验缴纳

申报查验缴纳是指纳税人向税务机关办理纳税申报并如实提供与生产经营能力、原材料、产量等情况相关的资料，税务机关根据纳税人情况审查测定或实地查验后，确定其产量、销售额并据以核算税款，填开税款缴款书，纳税人按规定期限到开户银行或税务机关缴纳税款。

这种方式适用于生产规模较小、财务会计制度和会计核算不健全、凭证账簿不完备，但有固定生产经营场所的小企业和个人。

（四）定额申报缴纳

定期定额是对生产经营规模小、又确无建账能力，经主管税务机关严格审核，报经县级以上（含县级）税务机关批准可以不设置账簿或暂缓建账的个体工商户，由税务机关依照有关法律、法规，按照规定程序，核定纳税人在一定经营时期内的应纳税经营额及收益额，并以此为计税依据，确定其应纳税额（包括增值税额、消费税额、所得税额等）的一种方式，这种方式一般是多种税合并征收的。

【例6-2】 2018年11月14日，纳税申报期限临近了，某公司的财务人员却很为难，因为企业资金紧张，无法筹足纳税所需的税款，财务人员认为收回货款后再将税补上，应该不算什么大问题，于是就采取了"灵活"方式，将纳税申报表中的应税收入额减少了50 000元。但是，11月20日税务机关进行日常纳税检查时发现了这个问题，认为该企业存在虚假纳税申报的情况，并认定这种行为构成了偷税，做出该企业应依法缴税款，加收滞纳金，并处以所偷税款50%罚款的处罚。

分析：《税收征收管理法》第三十一条规定：纳税人、扣缴义务人按照法律、行政法规规定或者税务机关依照法律、行政法规的规定确定的期限，缴纳或者解缴税款。纳税人因有特殊困难，不能按期缴纳税款的，经省、自治区、直辖市国家税务局、地方税务局批准，可以延期缴纳税款，但是最长不得超过三个月。

同时，《税收征收管理法》第六十三条规定：纳税人伪造、变造、隐匿、擅自销毁账簿、记账凭证，或者在账簿上多列支出或者不列、少列收入，或者经税务机关通知申报而拒不申报或者进行虚假的纳税申报，不缴或者少缴应纳税款的，是偷税。对纳税人偷税的，由税务机关追缴其不缴或者少缴的税款、滞纳金，并处不缴或者少缴的税款50%以上5倍以下的罚款；构成犯罪的，依法追究刑事责任。

本章小结

本章主要学习了:税收的本质特征、税收制度基本要素、现行税务机构设置等基础知识;税务登记的范围、内容;发票的类型、适用范围、领购、开具等基本知识;纳税申报的方式、期限及税款缴纳方式。

本章重要概念

税收　税收制度　纳税人　征税对象　税目　计税依据　税率　税收减免　税务登记　发票　电子申报　税款结算期　自核自缴　纳税申报方式

思考与练习

1. 税收的本质特征是什么?
2. 简述现行税务机构设置。
3. 简述发票的类型和适用范围。
4. 简述税款缴纳方式。

推荐阅读资料

[1] 许秀萍,郑维.出纳实务[M].2版.北京:中国人民大学出版社,2019.
[2] 王荃,朱丹,多淑杰.企业涉税实务[M].2版.北京:高等教育出版社,2018.
[3] 《中华人民共和国发票管理办法实施细则》(2018).
[4] 《税务登记管理办法》(2018).

第七章 出纳资料的整理、保管与工作交接

> 内容简介
> 学习目的和要求
> 引例
> 第一节 出纳资料的整理与保管
> 第二节 出纳工作的交接
> 本章小结
> 本章重要概念
> 思考与练习
> 推荐阅读资料

内容简介

本章主要讲解了出纳资料的范围及整理步骤；出纳资料的保管权限、保存要求及保管方法；出纳工作的交接情形、交接内容及交接过程。本章的重点是出纳资料的整理与保管、出纳工作的交接内容及过程。

学习目的和要求

通过本章学习，学生应掌握出纳资料的范围、整理步骤；掌握出纳资料的保管权限、保存要求及保管方法；掌握出纳工作交接的内容及过程；理解出纳工作移交清册的编制方法。

引例 出纳的轮岗

王小红大学毕业，刚刚在出纳的工作岗位上工作了半年的时间，由于工作努力，得到了一个轮岗的机会。财务经理让小王尽快地整理其负责的所有资料，并尽快地完成交接。出纳资料的整理、保管与交接应该怎样完成呢？小王对此还是一头雾水，不知道如何下手，学完本章后相信大家会一切了然于心。

第一节 出纳资料的整理与保管

出纳资料是会计资料的重要组成部分，是记录出纳业务内容、明确相关经济责任的书面证明。一旦遗失或因保管不善而损毁，将给出纳人员本人和单位带来严重的影响，因此出纳人员必须按规定对有关的会计资料进行妥善整理与保管。

一、出纳资料的整理

（一）出纳资料的范围

2016年1月1日开始实施的《会计档案管理办法》第五条规定："单位应当加强会计档案管理工作，建立和完善会计档案的收集、整理、保管、利用和鉴定销毁等管理制度，采取可靠的安全防护技术和措施，保证会计档案的真实、完整、可用、安全"。

出纳资料是会计资料的重要组成部分,是指原始凭证、记账凭证、出纳账簿和出纳报告等核算资料,以及其他与财务管理相关的重要凭据等,它们是出纳收、支活动及其账务处理的重要史料与依据,具体包括以下内容。

1. 会计凭证类

反映资金收付业务的原始凭证、记账凭证、汇总记账凭证以及其他的出纳凭证。

2. 会计账簿类

现金日记账、银行存款日记账、其他货币资金明细表、辅助账簿及其他备查账簿。

3. 财务报告类

月度、季度、年度的出纳报告、附注及文字说明、其他出纳报告。

4. 其他类

银行存款对账单、银行存款余额调节表、出纳档案移交清册、出纳档案保管清册、出纳档案销毁清册;按规定单独存放保管的重要票证单据(如作废的支票、发票存根联等);出纳盘点报告等出纳考核报告等资料;实行电算化的单位,出纳资料还应包括有关电算化的资料(如:会计软件、储存数据的光盘等)。

(二)出纳资料整理步骤

出纳人员要按照有关规定和本单位的管理要求对出纳资料定期分类整理、归集、有序排放。出纳人员对出纳资料进行整理时,通常包括三个步骤:分类、装订、成册。

1. 分类

出纳资料应按经济业务的性质和本单位的财务管理规定进行分类,兼顾档案装订和使用的需要。在对出纳资料进行分类时,应当对一些无效或不需用的数据进行剔除。

2. 装订

由于原始单、证大多比较零落散乱,容易遗失,所以出纳人员对资料归类后应加以装订,以保证出纳资料的完整。在装订时,应注意资料的厚度,应以便于使用为宜,不宜装订的应连号存放;对于采用记账软件记账的单位,打印出的出纳资料必须装订编号,对于采用磁盘、光盘等磁性介质保存出纳资料的单位,应根据国务院业务主管部门统一规定处理,并报财政部、国家档案局备案,保管室应采用连号编排,保存在特定的档案盒中。

3. 成册

对于装订完的出纳资料,应当立卷成册,启用封面或扉页,用以记录每册的编号、所属单位、所属时期及页数、经办人员、主管人员等详细内容。

技巧提示 7-1

实务中出纳资料整理、保管的具体操作方法

1. 出纳资料的整理

将所有的出纳资料进行分类,按凭证、账簿、报告和其他资料进行分类整理。

2. 出纳资料的装订

按照已经分好的类别,进行不同方法的装订和归置。凭证、账簿、报告资料要分别装订,电算化资料要进行备份并刻盘。

3. 编册

对于装订完毕的出纳资料,应当立卷成册,启用封面或扉页,用以记录每册编号、所属单位、所属时期、经办人等详细内容,并加盖单位公章和经办人私章;在保管上有特殊要求的,可以加盖骑缝章或加贴封条。

4. 送存

将全部资料编册完成后,按册送存档案室进行保管。

二、出纳资料的保管

(一) 出纳资料的保管权限

出纳资料是会计档案的重要组成部分,所以适用以下规定:

(1) 各单位每年形成的会计档案,应当由会计机构按照归档要求负责整理成卷、装订成册,编制会计档案保管清册。

(2) 在当年或本会计期间形成的会计档案,在会计年度终了后,可暂时由会计机构保管1年,单位会计管理机构临时保管会计档案最长不超过3年。期满后,应当由会计机构编制移交清册,移交本单位档案机构统一保管,出纳人员不得兼管会计档案。

(3) 移交本单位档案机构保管的会计档案,原则上应当保持原卷册的封装,个别需要拆封重新整理的,档案机构应该会同会计机构和经办人拆封整理,以分清责任。

(4) 各单位保存的会计档案不得借出。如有特殊需要,经本单位负责人批准,可以提供查阅或者复印,并办理登记手续,查阅或者复印会计档案的人员,严谨在会计档案上涂画、拆封或抽换。

(5) 出纳账证以外的其他出纳资料,主要是各种报表和文件,如各种经费开支计划表、银行对账单等,应当分类整理并妥善保管,年末集中归于会计档案。

(6) 单位之间交接出纳资料的,交接双方应当办理会计档案交接手续。移交出纳资料的单位,应当编制出纳资料移交清册,列明应当移交的资料名称、卷号、册数、起止年度和档案号、应保管期限、已保管期限等内容。交接时双方的单位负责人负责监交,交接双方经办人和监交人应在出纳资料移交清册上签名并盖章。

(二) 出纳资料的保存要求

出纳资料的保存是个长期过程,为了保证资料在保存期限内安全和完整,各单位必须加强对资料的保管工作,具体的要求如下。

1. 严格执行安全和保密制度

保证出纳资料完整性,不丢失,不破损,不被虫蛀,不被篡改、涂抹或扭曲会计档案记录;档案不能擅自外借,使用、移交和销毁必须按照严格的程序办理,保管人员不得透露出纳资料记录的内容。

2. 严格执行保管、检查制度

专人负责出纳资料的保管工作,对资料保管人员进行定期培训。相关部门和人员要定期或不定期检查出纳资料的保管工作,及时纠正保管中出现的问题。

3. 严格执行移交制度

单位因撤销、解散、破产等原因终止的，在终止和办理注销登记前形成的出纳资料，由终止单位的业务主管部门或者财产所有者代管；单位分立后原单位继续存在的，出纳资料由分立后的存续方统一保管；单位合并后原单位解散或一方存续、其他方解散的，原各单位的出纳资料应当由合并后的单位统一保管；单位之间交接出纳资料的交接双方应当办理出纳资料交接手续。

（三）出纳资料的保管方法

1. 出纳凭证的保管

出纳凭证主要包括现金收付款原始单据，各种银行结算单据凭证和各种票据等原始凭证以及现金、银行存款收付款记账凭证，是会计凭证的组成部分。在一般情况下，出纳人员在记账完毕后，要将凭证传递给记账会计，继续记账过程，期末会计人员要将所有的会计凭证进行整理和装订，指定专人负责保管，出纳凭证的整理保管方法和其他的会计资料的整理和保管方法是一致的。出纳人员应做好原始凭证的整理及所有会计凭证在出纳阶段的保管工作。

2. 出纳账簿的保管

出纳账簿在换成新账后，出纳人员应将旧账归入会计档案。移交归档前出纳人员应对旧账进行整理。对编号、目录等项目填写不全的，应根据有关要求填写齐全；使用活页式或卡片式辅助账的单位，对于活页或者卡片式账，在归档时应加以装订，编齐页码，并像订本账一样加上扉页，注明单位名称、所属日期、共计页数和记账人员签章等，并且加盖公章。

3. 空白单据和印章的保管

各单位为了办理支付结算，一般从银行领购并保留一定数量的支票和其他银行结算凭证。支票是一种支付凭证，一旦填写了有关内容并加盖了预留印鉴，即可从银行提取现金或与其他单位结算。因此各单位必须严格管理空白支票，设置空白支票登记簿，明确指定专人负责保管、办理支票的领用和注销手续；且要贯彻票、印分管原则，空白支票和印章必须由专人进行保管，以明确责任，形成制约机制，防止舞弊行为的发生。

出纳人员使用的各种财务印章包括现金收讫章、现金付讫章、银行收讫章、银行付讫章等，出纳人员应当妥善保管，严格按照有关规定使用。各种印章的保管应与现金的保管相同，不得随意存放或携带出工作单位；对于签发支票的各种预留银行的单位财务专用章和其他印鉴，实行印鉴分管原则，由会计主管人员和其他指定专人保管，不能由出纳人员独自保管。

4. 其他出纳资料的保管

出纳账、证以外的其他出纳资料，主要是指各种报表和文件，如各项经费开支计划表，出纳报告单，银行对账单，资金分析报告表，其他财务管理方面的重要凭据，如支票申请单与支票领用簿等。这些资料都应该分类整理并妥善保管，年终集中归入会计档案。

 延伸阅读 7-1

会计档案的保管期限

会计档案的保管期限分为永久、定期两类，定期保管期限可分为 10 年和 30 年两类。《会计档案管

理办法》规定:会计档案的保管期限从会计年度终了后的第一天算起。企业和其他组织会计档案的具体保管期限如下:

表 7-1　　　　　　　　企业和其他组织会计档案保管期限表

序号	档案名称	保管期限
一	会计凭证	
1	原始凭证	30 年
2	记账凭证	30 年
二	会计账簿	
3	总账	30 年
4	明细账	30 年
5	日记账	30 年
6	固定资产卡片	固定资产报废清理后保管 5 年
7	其他辅助性账簿	30 年
三	财务会计报告	
8	月度、季度、半年度财务会计报告	10 年
9	年度财务会计报告	永久
四	其他会计资料	
10	银行存款余额调节表	10 年
11	银行对账单	10 年
12	纳税申报表	10 年
13	会计档案移交清册	30 年
14	会计档案保管清册	永久
15	会计档案销毁清册	永久
16	会计档案鉴定意见书	永久

 相关案例 7-1

销毁会计资料的案例

公司诉讼网律师:隐匿、故意销毁会计凭证罪应注意,一是要达到情节严重的程度;二是会计凭证不能仅仅理解为装订好的凭证,没有装订的属于会计原始资料性质的文件,也属于会计凭证的范围。

参考案例:顾国兴、徐忠华、朱蝶飞、杨晓菊隐匿、销毁会计资料案。

【案情】

公诉机关:上海市浦东新区人民检察院

被告人:顾国兴

被告人:徐忠华

被告人:朱蝶飞

被告人:杨晓菊

2000年9月间,被告人徐忠华得知群众举报被告人顾国兴涉嫌侵占东化厂资金,为逃避查处,指使被告人朱蝶飞、杨晓菊销毁该厂真实的年终分配清单,后朱蝶飞、杨晓菊分别烧毁了上述清单。同年11月间,上海市公安局浦东分局依法对顾国兴涉嫌犯罪的线索进行调查,顾国兴为逃避查处,与徐忠华合谋,指使朱蝶飞、杨晓菊销毁该厂真实的年终分配签收簿,后朱蝶飞、杨晓菊分别烧毁了部分签收簿,并将其余签收簿隐匿于家中。上述销毁、隐匿的会计资料涉及金额达人民币9 389 291.38元。

被告人杨晓菊、朱蝶飞分别于2000年11月21日、22日向公安机关主动交代了被告人顾国兴、徐忠华指使其销毁、隐匿会计资料的犯罪事实。

检察机关指控:被告人顾国兴、徐忠华、朱蝶飞、杨晓菊的行为均已触犯了《中华人民共和国刑法修正案》第一条第一款、《中华人民共和国刑法》第一百六十二条之规定,构成隐匿、销毁会计资料罪,且顾国兴、徐忠华在共同犯罪中起主要作用,系主犯,朱蝶飞、杨晓菊起次要作用,系从犯,且属自首,4名被告人依法均应予刑事处罚。

被告人顾国兴辩称:他没有为私利指使他人销毁东化厂真实的年终分配签收簿。其辩护人提出如下辩护意见:隐匿、销毁东化厂真实的年终分配签收簿的犯罪事实系一般共同犯罪,不宜区分主从犯;顾国兴系初犯,有悔罪表现,建议对其从轻处罚、适用缓刑。

被告人徐忠华辩称:其在隐匿、销毁会计资料的共同犯罪中不属主犯。其辩护人提出如下辩护意见:2000年9月间,被告人徐忠华指使被告人朱蝶飞、杨晓菊销毁东化厂真实的年终分配清单不属依法应当保存的会计资料,公诉机关指控的此节事实不属犯罪;隐匿、销毁东化厂真实的年终分配签收簿犯罪事实系一般共同犯罪,不宜区分主从犯;徐忠华系初犯,主观恶性轻,建议对其从轻处罚。

被告人朱蝶飞对上述指控无异议。其辩护人提出如下辩护意见:2000年9月间,被告人朱蝶飞销毁东化厂真实的年终分配清单不属依法应当保存的会计资料,公诉机关指控的此节事实不属犯罪;朱蝶飞系自首,且在共同犯罪中系从犯,建议对其适用缓刑。

被告人杨晓菊对上述指控无异议。其辩护人提出如下辩护意见:2000年9月间,杨晓菊销毁东化厂真实的年终分配清单不属依法应当保存的会计资料,公诉机关指控的此节事实不属犯罪;杨晓菊系自首,且在共同犯罪中系从犯,建议对其适用缓刑。

【审判】

法院经审理认为,被告人顾国兴、徐忠华、朱蝶飞、杨晓菊为逃避司法机关的依法查处,隐匿、销毁依法应当保存的会计资料,涉及金额达人民币900余万元,情节严重,其行为均构成隐匿、销毁会计资料罪。在隐匿、销毁会计资料共同犯罪中,被告人顾国兴、徐忠华起主要作用,系主犯;被告人朱蝶飞、杨晓菊起次要作用,系从犯,且在案发后能投案自首,依法从轻处罚。法院根据上述认定的事实、证据和判案理由,依照《中华人民共和国刑法修正案》第一条第一款、《中华人民共和国刑法》第一百六十二条、第七十二条、第七十三条、第二十五条、第二十六条第一、四款、第二十七条、第五十三条之规定,作出判决:被告人顾国兴犯隐匿、销毁会计资料罪,判处有期徒刑一年,罚金人民币三万元;被告人徐忠华犯隐匿、销毁会计资料罪,判处有期徒刑一年,罚金人民币三万元;被告人朱蝶飞犯隐匿、销毁会计资料罪,判处有期徒刑六个月,缓刑一年,罚金人民币二万元;被告人杨晓菊犯隐匿、销毁会计资料罪,判处有期徒刑六个月,缓刑一年,罚金人民币二万元。

判决书:上海市浦东新区人民法院(2001)浦刑初字第1277号。

合议庭组成人员

审判长:石耀辉;代理审判员:薛林;人民陪审员:顾小妹

第二节 出纳工作的交接

《中华人民共和国会计法》(以下简称《会计法》)第四十一条规定:"会计人员调动工作或者离职,必须与接管人员办清交接手续。一般会计人员办理交接手续,由会计机构负责人(会计主管人员)监交;会计机构负责人(会计主管人员)办理交接手续,由单位负责人监交,必要时主管单位可以派人会同监交。"出纳在进行工作交接时,必须根据企业的财务管理制度进行,以保证出纳工作的前后衔接。

一、出纳工作交接情形

出纳人员需办理工作交接的具体情况,概括起来主要有以下几种:

(1) 出纳人员辞职或离开单位。
(2) 因单位内部工作变动不再担任出纳工作,如出纳岗位轮岗调换到会计岗位。
(3) 出纳岗位内部增加工作人员,重新进行分工。
(4) 因病假、事假或临时调用,不能继续从事出纳工作。
(5) 因特殊情况,如停职审查等按规定不宜继续从事出纳工作。
(6) 单位因其他情况按规定应办理出纳工作交接,如企业合并、分立、破产等情况发生时,出纳人员应向接收单位或清算组移交。

二、出纳工作交接内容

出纳工作交接的内容应根据各单位的具体情况而定,与出纳人员的分工和工作范围应当一致。情况不同,移交的内容也不同,但出纳工作交接主要包括三方面内容如表 7-2 所示。

表 7-2　　　　　　　　　　　出纳工作交接内容

序号	基本内容	具体项目
1	财产物资	(1) 现金(现钞、外币、金银珠宝及其他贵重物品); (2) 有价证券(国库券、债券、股票、商业汇票、股权证书等); (3) 支票(空白支票、作废支票及支票使用登记簿); (4) 收据(空白收据、已用和作废收据存根联等、收据使用登记簿); (5) 发票(空白发票、已用和作废发票存根联等、发票使用登记簿); (6) 财务印鉴,包括财务专用章、银行预留印鉴,以及"现金收讫""现金付讫""银行收讫""银行付讫"等业务专用章; (7) 会计凭证,包括原始凭证和记账凭证; (8) 会计账簿,包括现金日记账和银行存款日记账; (9) 银行预留印鉴卡片及银行对账单; (10) 相关银行密码或其他预留密码; (11) 应由出纳人员保管的重要证件、合同、协议等; (12) 其他会计资料、有关会计工具(办公桌、保险工具的钥匙、各种保密号码等)

(续表)

序号	基本内容	具体项目
2	电算化资料	实行电算化会计的单位,出纳工作交接还应包括以下内容: (1) 会计软件及启动盘; (2) 与会计软件有关的密码或口令; (3) 存储会计数据资料的介质(磁带、磁盘、光盘、微缩胶片等); (4) 有关电算化的其他资料、实物等,如软件使用说明书
3	业务介绍	(1) 原出纳人员工作职责和工作范围的介绍; (2) 每期固定办理的业务介绍,如按期交电费、水费、电话费的时间等; (3) 复杂业务的具体说明,如银行账户的开户地址及联系人、需交电话费的号码及台数等; (4) 其他需要说明的业务事项

三、出纳工作交接过程

出纳人员办理交接前,应做好各项准备工作,及时结算有关款项,对于未尽事宜应当加以列明;准备工作就绪后,按项目编制移交清册,复核无误后开始交接;交接时,由监交人监督,交接双方应认真仔细地办理交接手续,最后由当事人签字确认,完成移交工作。

出纳工作交接过程一般按三个步骤进行:准备交接资料、按清册当面点收、交接双方和监交人签章。

(一)移交前的准备工作

为保证移交工作顺利进行,移交的出纳人员应当在自己的工作范围内,先明确交接的内容,然后逐项清点整理,做到移交的财务资料完整无缺,移交的事项清楚明了,未尽事宜继续办理。

1. 交接准备

在准备阶段,出纳人员应做好以下工作。

(1) 移交人应将可能处理的全部业务处理完毕,以减少不必要的交接内容和手续。

(2) 已受理的经济业务应根据审核无误的原始凭证编制记账凭证。

(3) 移交人在出纳账簿登记完毕后,结出其发生额与余额。结账前要认真对账,切实做到账账相符、账实相符、账证相符,并在最后一笔余额后加盖名章。

若出现账实不符的,应限期查明原因并予以解决。

(4) 在出纳账簿启用表上填写移交日期,并加盖名章。

(5) 整理应移交的各种资料,对未了事项要写出书面说明。

(6) 编制"出纳工作移交清册",填明移交的现金、有价证券、支票簿、凭证、账簿、文件资料、印鉴及其他物品的具体名称和数量。

2. 出纳移交文书

移交清册是出纳人员明确交接责任的书面证明,一般包括移交清单和交接情况说明书。移交清册必须具备单位名称、交接日期、交接双方和监交人的职务和姓名,以及移交清册页数、份数和其他需要说明的问题和意见。在实际工作中,移交清册一般根据本单位的财务制度和管理要求编制,一式三份,交接双方各持一份,监交人存档一份。

若出纳交接工作较为复杂,可先按交接的内容编制各类移交表,如"库存现金移交表""银行存款移交表""有价证券、贵重物品移交表""办公物品移交表""核算资料移交表"(如表7-3至表7-7所示)等。交接完毕后,进行整理并编制移交清册。

【例7-1】 2018年11月01日,华夏有限责任公司原出纳钱明和新出纳王小红进行了出纳交接。交接时,库存现金日记账余额为3 900元,实际清点余额为3 900元。公司持有国库券200 000元,均核对无误。

银行存款日记账余额为780 000元,经和开户银行核对,余额一致。

账簿凭证类:

(1) 本年度现金日记账1本。

(2) 本年度银行存款日记账2本。

(3) 空白现金支票25张(AE103126号至AE103150号)。

(4) 空白转账支票36张(BE200625号至BE200660号)、支票使用登记簿1本。

(5) 托收承付登记簿1本。

(6) 银行对账单1~10月份10本。

印章:

(1) 华夏有限责任公司财务部现金收讫印章1枚。

(2) 华夏有限责任公司财务部现金付讫印章1枚。

(3) 华夏有限责任公司财务部转讫印章1枚。

其他:

保险柜钥匙1枚。

要求:由原出纳人员钱明设计并编制出纳工作移交清册。

出纳工作移交清册

原出纳员钱明,因工作调动,财务部已决定将出纳工作移交给王小红接管,现办理如下手续:

1. 交接时间:2018年11月01日

2. 具体业务的移交

(1) 库存现金:11月01日账面余额3 900.00元,实存相符,日记账余额与总账相符;

(2) 库存国库券:200 000.00元,经核对无误;

(3) 银行存款:余额780 000.00元,经编制"银行存款余额调节表"核对无误。

3. 移交的会计凭证、账簿、文件

(1) 本年度现金日记账1本;

(2) 本年度银行存款日记账2本;

(3) 空白现金支票25张(AE103126号至AE103150号);

(4) 空白转账支票36张(BE200625号至BE200660号)、支票使用登记簿1本;

(5) 托收承付登记簿1本;

(6) 银行对账单 1~10 月份 10 本。

4. 印鉴

(1) 华夏有限责任公司财务部现金收讫印章 1 枚；

(2) 华夏有限责任公司财务部现金付讫印章 1 枚；

(3) 华夏有限责任公司财务部转讫印章 1 枚。

5. 其他移交事项

保险柜钥匙 1 枚。

6. 交接前后工作责任的划分

2018 年 11 月 01 日前的出纳责任事项由钱明负责；2018 年 11 月 01 日起的出纳工作由王小红负责。以上移交事项均经双方认定无误。

7. 本交接书一式三份，双方各执一份，存档一份。

移交人：钱明

接管人：王小红

监交人：李明丽

华夏有限责任公司财务部（公章）

2018 年 11 月 01 日

【小提示】

会计交接是一项严肃认真的工作，不仅涉及会计工作的连续性，而且关系到有关人员的法律责任。因此要求交接双方和监交人员必须认真对待，不得敷衍了事，马虎应付。

表 7-3   库存现金移交表

移交日期：　年　月　日　　　币种：　　　　单位：元　　　　　　　第　　页

序号	币别	数量	移交金额	接受金额	备注
1	100 元				
2	50 元				
3	20 元				
4	10 元				
5	5 元				
6	2 元				
7	1 元				
8	5 角				
9	1 角				

单位负责人：　　　　　移交人：　　　　　监交人：　　　　　接交人：

表 7-4　　　　　　　　　　　　　　银行存款移交表

移交日期：　年　月　日　　　　　　　　　单位：元　　　　　　　　　　　　第　页

开户银行	币种	期限	账面数	实有数	备注

附：a.银行存款余额调节表　b.银行预留卡片一张

单位负责人：　　　　　　移交人：　　　　　　监交人：　　　　　　接交人：

表 7-5　　　　　　　　　　　　　有价证券及贵重物品移交表

移交日期：　年　月　日　　　　　　　　　单位：元　　　　　　　　　　　　第　页

名称	购入日期	单位	数量	金额	备注
××债券					
××票据					
××股票					
××贵重物品					

单位负责人：　　　　　　移交人：　　　　　　监交人：　　　　　　接交人：

表 7-6　　　　　　　　　　　　　　办公物品移交表

移交日期：　年　月　日　　　　　　　　　　　　　　　　　　　　　　　　　第　页

名称	编号	型号	购入日期	单位	数量	备注
保险柜						
文件柜						
印章						
……						

单位负责人：　　　　　　移交人：　　　　　　监交人：　　　　　　接交人：

表 7-7　　　　　　　　　　　　　　核算资料移交表

移交日期：　年　月　日　　　　　　　　　单位：元　　　　　　　　　　　　第　页

名称	年度	数量	起止号码	备注
现金日记账				
银行存款日记账				
支票领用登记簿				
收据领用登记簿				
……				

单位负责人：　　　　　　移交人：　　　　　　监交人：　　　　　　接交人：

（二）进行正式交接工作

出纳人员的离职交接，必须在规定的期限内，向接交人员移交清楚。接交人员应认真按移交清册当面点收。

（1）现金、有价证券要根据出纳账和备查账簿余额进行点收。接交人发现不一致时，移交人要负责查清。

（2）出纳账和其他会计资料必须完整，不得遗漏。如有短缺，由移交人查明原因，在移交清册中注明，由移交人负责。

（3）接交人应核对出纳账与总账、出纳账与库存现金实有数和银行对账单的余额是否相符。如不相符，应由移交人查明原因，在移交清册中注明，并负责处理。

（4）接交人按移交清册点收印章和其他实物。

（5）接交人办理接收后，应在出纳账启用表上填写接收时间，并签名盖章。

（三）出纳交接责任

交接完毕后，交接双方和监交人要在移交清册上签名或盖章。移交人员所移交的会计凭证、会计账簿、财务会计报告和其他会计资料是在其经办会计工作期间内发生的，应当对这些会计资料的真实性、完整性负责；即便接替人员在交接时因疏忽没有发现所接会计资料在真实性、完整性方面的问题，如事后发现仍应由原移交人员负责，原移交人员不应以会计资料已移交而推脱责任。

【小提示】

出纳交接工作结束后，在交接截止日前后各期的工作责任应由当时的经办人负责。

会计职业道德 7-1

办理出纳工作移交后的责任划分

刚通过考试取得会计从业资格证书的小刘，被公司从办公室调到财务部担任出纳工作，公司原出纳小钱调到销售部。在公司财务经理的监交下，小刘和小钱办理了出纳交接手续。

一个月后，小刘发现原出纳小钱负责出纳工作期间丢失了一张空白支票，经过仔细核查，发现公司款项并未出现流失。小刘经过慎重考虑，觉得小钱已经调离财务部，而且公司的款项并没有因此流失，但是如果不向领导汇报，以后发现这个问题必然要由自己承担责任，因此小刘向单位领导做了汇报。原出纳小钱认为出纳工作已经移交，即使发现款项遗失也不属于自己的责任，应由小刘承担责任，更何况款项未遗失。但有关领导认为应由小钱承担责任，并对小钱进行罚款处理。

在本例中，出纳小刘做得很好。根据规定，移交人员所移交的会计凭证、会计账簿、财务会计报告和其他会计资料是在其经办会计工作期间内发生的，应当对这些会计资料的真实性、完整性负责。作为财务部的会计人员，在日常会计工作中，应熟悉会计准则、遵循会计准则、坚持会计准则。

本 章 小 结

本章主要学习了：出纳资料的整理，出纳资料的保管，出纳工作的交接。

本章重要概念

出纳资料　装订　出纳工作交接内容　移交清册

思考与练习

1. 什么是出纳资料？
2. 如何对出纳资料进行整理和保管？
3. 出纳工作交接内容有哪些？
4. 如何编制出纳工作交接清册？

推荐阅读资料

[1] 蔡蓉. 出纳实务[M]. 北京：中国人民大学出版社，2014.
[2] 陈文玉. 出纳实操从新手到高手[M]. 2版. 北京：中国铁道出版社，2015.